本书中的市场调研工作及本书的出版得到了国家自然科学基金项目（编号72072141）、南京财经大学产学研合作项目（YHLHW22001）以及宿州学院博士科研启动基金的支持。

制造企业跨渠道整合的测量和组态研究

邓琪 著

西安交通大学出版社
XI'AN JIAOTONG UNIVERSITY PRESS

图书在版编目(CIP)数据

制造企业跨渠道整合的测量和组态研究 / 邓琪著. -- 西安 ：西安交通大学出版社，2024.7
ISBN 978-7-5693-3775-4

Ⅰ.①制… Ⅱ.①邓… Ⅲ.①制造工业—工业企业管理—研究 Ⅳ.①F407.406

中国国家版本馆 CIP 数据核字(2024)第 093161 号

书　　名　制造企业跨渠道整合的测量和组态研究
　　　　　　ZHIZAO QIYE KUA QUDAO ZHENGHE DE CELIANG HE ZUTAI YANJIU
著　　者　邓　琪
责任编辑　史菲菲
责任校对　王建洪
装帧设计　伍　胜

出版发行　西安交通大学出版社
　　　　　　(西安市兴庆南路 1 号　邮政编码 710048)
网　　址　http://www.xjtupress.com
电　　话　(029)82668357　82667874(市场营销中心)
　　　　　　(029)82668315(总编办)
传　　真　(029)82668280
印　　刷　西安明瑞印务有限公司

开　　本　700mm×1000mm　1/16　**印张**　11.625　**字数**　177 千字
版次印次　2024 年 7 月第 1 版　2024 年 7 月第 1 次印刷
书　　号　ISBN 978-7-5693-3775-4
定　　价　86.00 元

如发现印装质量问题，请与本社市场营销中心联系。
订购热线：(029)82665248　(029)82667874
投稿热线：(029)82665379
读者信箱：511945393@qq.com

前言

Foreword

为了更好地发挥多渠道营销的协同效应，企业越来越关注跨渠道整合问题。已有研究较多地从零售企业或消费者视角对跨渠道整合展开探讨，较少关注制造企业的跨渠道整合问题。制造企业的营销渠道类型和数量更为多样，其面临着更加复杂和严峻的多渠道协同问题，对渠道进行整合的难度也更大。如何有效地整合不同类型渠道，提升企业绩效是制造企业面临的一个严重挑战。本书围绕制造企业的跨渠道整合进行研究，应用定性比较分析方法(以下简称 QCA 方法)，探讨跨渠道整合与渠道多元化等相关因素形成的组态对企业绩效的影响，以及促进制造企业跨渠道整合的多因素组态①。

本书共分为七章，主要内容由第 3 章至第 6 章四个核心研究组成，其余三章——第 1 章介绍制造企业跨渠道整合的研究背景，第 2 章回顾多渠道营销和跨渠道整合已有研究内容并构建本书的研究框架，第 7 章归纳总结研究结论、研究创新点等。第 3 章是开发与检验制造企业跨渠道整合的量表，这是此后第 4 章和第 5 章研究开展的基础工作。第 4 章探讨跨渠道整合与渠道多元化等因素的联合作用对企业绩效的影响以及促进制造企业跨渠道整合的多因素组态。第 5 章探讨跨渠道整合的前因，基于多渠道营销的文献和开放系统理论，构建了一个包含技术因素[IT(信息技术)能力]、环境因素(环境动荡性)和组织因素(企业规模、渠道多元化和直接渠道比重)的组态模型，用以检验这些因素的联动对

① 组态(configuration)也称为构型，指若干要素的联动和匹配所形成的组合。组态视角的优点是关注相互依赖的多因素的联动效应对结果的影响，有助于回答多重并发的因果关系、因果非对称性和多种方案等效等因果复杂性问题。

制造企业跨渠道整合的影响。第6章用回归分析方法检验两个组态模型中单个因素对企业绩效和制造企业跨渠道整合的影响,用以与QCA方法的结果对比。

本书所做的创新性工作和贡献概括如下:

第一,检验了制造企业跨渠道整合与渠道多元化、渠道差异化、跨渠道冲突的联动作用对企业绩效的影响,发现提升企业绩效的多条等效路径。已有研究仅探究了跨渠道整合对企业绩效的独立影响,并未关注跨渠道整合与渠道多元化、跨渠道冲突、渠道差异化存在相互影响时,这些因素的联动作用对企业绩效的影响。这不利于发现通过跨渠道整合提升企业绩效的多元化路径,也掩盖了跨渠道整合与企业绩效间存在的复杂因果关系。本书的研究内容弥补了上述不足,区分出通过跨渠道整合实现高企业绩效的多个等效组态,厘清在不同组态中跨渠道整合与企业绩效间的非线性关系,补充完善了已有研究,也调和了已有研究中的分歧。此外,本研究也拓展了复杂系统理论的应用范围,回应了从复杂观视角研究管理问题的呼吁。

第二,探讨了促进制造企业跨渠道整合的多因素组态,发现了制造企业实施跨渠道整合的多元驱动模式。先前研究聚焦在市场环境、组织资源和多渠道营销中单个因素对跨渠道整合的影响,少数研究关注了两个变量的交互作用。本书强调的是任何单一因素都不足以推动制造企业实施跨渠道整合,多因素之间存在多种可能等效的组合状态对跨渠道整合产生影响。本书的研究发现揭示了制造企业实施跨渠道整合的多元驱动模式,即资源和环境驱动、多渠道营销策略驱动,为探究制造企业实施跨渠道整合的路径提供了新思路。此外,本书的研究结果不仅揭示了跨渠道整合前因中多因素的联合作用,也发现了不同前因组态中变量之间存在的替代和互补等复杂关系,补充和完善了已有研究内容。

第三,开发和检验了制造企业跨渠道整合的量表。它是由跨渠道一致性、跨渠道共享性和跨渠道协作性三个维度构成的构成性量表,其中每一个维度又是一个多题项的反映性量表。已有文献中使用的跨渠道整合量表多来自对零售企业或消费者的研究,不完全适用于对制造企业跨渠道整合的研究。本书开发的量表不仅为后续研究奠定了基础，也为未来探讨制造企业跨渠道整合的相关问题提供了一个可以参考使用的测量工具。

本书可供高等学校市场营销专业学生、市场研究人员、制造企业或零售企业营销渠道管理人员使用。本书能够完成，首先要感谢我的导师——西安交通大学管理学院庄贵军教授，也要感谢安徽财经大学李永发教授在研究方法上给予的指导，还要感谢西安交通大学李思涵和刘建顾同学、西安理工大学赵星宇老师、苏州大学赵丹阳老师、南京航空航天大学丰超老师、南京财经大学杨海龙老师在写作过程中给予的帮助。本书中的市场调研工作及本书的出版得到了国家自然科学基金项目（编号72072141）、南京财经大学产学研合作项目（YHLHW22001）以及宿州学院博士科研启动基金的支持。

由于作者水平有限，书中难免存在疏漏和不妥之处，敬请广大读者批评指正。

邓　琪

2024 年 3 月

目录

Contents

第1章 绪 论

跨渠道整合是多渠道营销和全渠道营销研究领域的一个重要课题，对于发挥不同渠道的协同效应及改善消费者购物体验具有重要意义。本章结合制造企业实践，以及已有文献的不足，提出研究问题，阐释研究意义，介绍研究方法和结构安排。

1.1 研究背景与问题提出

多渠道营销是企业通过两种及两种以上营销渠道销售或传播产品和服务的方式，它有助于拓展市场范围，触达更多消费者（赵星宇 等，2021a；Verhoef et al.，2015；Cummins，2016）。随着渠道类型的增加，渠道间开始出现跨渠道冲突问题，即企业所采用的不同类型渠道之间为争夺资源而发生矛盾和纷争（Sa Vinhas et al.，2005；Fürst et al.，2016）。例如，蓝鲸财经报道S公司多渠道之间出现的问题有：线上线下价格不统一，加盟商抵触；消费者比价，线下客户最终流失；“双十一”等大促期间，线上价格大比例打折，线下门店没有竞争力；线上活动促销折扣力度大，让很多加盟商选择了在直播间下单进货等①。

为了抑制跨渠道冲突带来的不利影响，发挥不同渠道的优势，实现渠道之间的相互赋能，企业需要在渠道之间进行跨渠道整合（卢亭宇 等，2023；Bendoly et al.，2005；Cao et al.，2015）。现实中，一些企业已经有意无意地

---

① 李登华. https://baijiahao.baidu.com/s?id=1708412747281072478&wfr=spider&for=pc.

开始尝试进行渠道之间的协作和信息共享等。比如,三只松鼠借助线上渠道展示一些线下受欢迎的商品,进行联合引流;李宁公司以官方旗舰店小程序为核心,促进不同渠道之间的数据共享,为线下渠道引流;格力电器通过门店与直播渠道进行协作,成功地把用户从原有线下经销商渠道引流到直播间渠道。

与此同时,学术研究也开始注意到这一现象,并把不同类型渠道间的互动活动称为跨渠道整合。跨渠道整合是企业通过协调渠道目标,设计和部署渠道功能,从而实现多渠道协同效应,并为消费者提供特殊利益的活动(Cao et al.,2015)。已有研究主要围绕零售企业或消费者展开研究,并取得了较丰富的研究成果。学者们较多通过渠道之间价格的一致性程度,以及销售活动的相互配合程度来衡量跨渠道整合。较多研究普遍认可跨渠道整合的积极作用,如跨渠道整合有利于提升企业开发能力和探索能力(Oh et al.,2012),能够弱化跨渠道冲突对企业绩效的不利影响(赵星宇 等,2021a),可以正向影响企业绩效(Cao et al.,2015;钱丽萍 等,2023)。另有学者着重探讨了跨渠道整合的影响因素,发现企业实施的电子商务发展策略有助于多渠道之间的协调发展(Wu et al.,2015),IT 能力有助于促进企业实施跨渠道整合(Luo et al.,2016),渠道多元化会促进跨渠道整合(卢亭宇 等,2023)。外部环境中的制度压力会促使企业实施跨渠道整合,而 IT 能力和关系治理能力则在其中起到正向的调节作用(张广玲 等,2017)。还有学者探讨跨渠道冲突强度对跨渠道整合的"双刃剑"效应,发现跨渠道冲突会破坏渠道之间的流畅性从而不利于跨渠道整合,但也会打破渠道之间的稳定和固化,进而有助于提升跨渠道整合程度(董维维 等,2022)。

虽然跨渠道整合研究积累了丰富的成果,但通过对制造企业的访谈发现,仍有一些现象和问题难以通过已有研究结论进行解释。例如,某电子元器件生产企业表示,由于元器件产品特殊,订购之后内部流程走下来要 1~2 个工作日,线下需要给予用户账期。线上订购现货,无法享受账期支持。而目前线上用户也要求享受线下渠道相同的账期服务,企业很难满足,两个渠道很难做到一致。再如,某化妆品生产企业渠道管理人员表示,之前企业的商超渠道和化妆品专营店之间经常由于价格不一致而产生资源争夺和跨渠道窜货问题，两个渠道之间的矛盾频频出现，企业在调整两个渠道销售产品品类的同时，构建了新的信息系统以强化渠道间的信息共享，保持相同产品信息一致，取得了较好的效果。又如，某食品生产企业表示，电商平台的促销政策差异太大，不同网络渠道之间的运营成本差异大，公司主要采取的是渠道差异化运营策略，避免渠道之间的冲突。从上述现象中不难产生三点疑惑：一是制造企业实施跨渠道整合似乎并不强调渠道之间的整齐划一，这似乎与零售情境中的研究发现不同，那么制造企业跨渠道整合是什么？二是制造企业的渠道类型是多样且关系复杂的，跨渠道整合实施的同时，渠道间的冲突程度、差异化程度抑或是渠道类型的多寡都在同时发生着改变，这些因素的联动会对提升企业绩效产生什么影响？三是跨渠道整合在某些情境中的作用似乎并不明显，其在哪些情境中是重要的呢？

然而，面对上述疑惑，已有研究很难进行解释和回答。综合对文献内容的梳理结果来看，本研究认为已有研究仍存在几点明显的不足。

第一，制造企业视角的研究不足。以往跨渠道整合研究多采用零售企业或消费者视角，从零售企业或消费者一方开发量表、收集数据，研究问题虽可能与制造企业有关，但所得结果只反映零售企业或消费者的感知和态度。如 Cao 等(2014;2015)根据零售企业数据开发了测量跨渠道整合的量表，并探讨了跨渠道整合对零售企业绩效的影响。周飞等(2017)从消费者视角探讨了跨渠道整合对消费者跨渠道保留的影响。张广玲等(2017)的研究虽然是从制造商一方收集数据，但使用的跨渠道整合量表依然来自零售企业情境下的测量内容。制造企业使用的渠道类型更为复杂，跨渠道整合问题更具有挑战性，已被业界高度关注。然而，由于缺乏制造企业视角的研究，因此很难识别制造企业跨渠道整合的作用和实施条件。这是跨渠道整合理论研究中的一个重要缺失，也不利于指导制造企业的营销管理实践。其中的一个原因，是缺乏一个可靠的制造企业跨渠道整合的测量工具。测量工具的缺失，严重阻碍了制造企业视角跨渠道整合的相关研究。

第二，在结果和前因研究中缺乏对多因素联动效应的关注。跨渠道整合与渠道多元化、跨渠道冲突之间是相互依赖而非独立发挥作用的，跨渠道整合发生改变的同时，一些相关因素也会随之发生改变。比如，此前的研究发现渠道多元化会促使企业提升跨渠道整合程度，也会增加跨渠道冲突的程度等(卢亭宇 等,2023);跨渠道冲突可以提升跨渠道整合程度,也可以阻碍跨渠道整合(董维维 等,2022)。然而,现有研究基于变量间相互独立的假设,仅关注了跨渠道整合对企业绩效的"净效应",并未探究跨渠道整合与相关因素的联动效应,这会忽视跨渠道整合与企业绩效间存在的非线性关系。此外,在跨渠道整合的前因研究中,环境、组织资源和多渠道营销策略之间也存在类似的联动效应。比如,环境动荡程度高促使企业采用多渠道销售产品(Kabadayi et al.,2007);企业的资源禀赋和能力不同,渠道多元化程度也会存在差异(Gao et al.,2017);市场环境和消费者特征影响企业直接渠道的比重等(Sa Vihas et al.,2005)。然而,现有研究缺乏检验和解释这些相互关联因素联动效应对跨渠道整合的影响。虽然国内学者钱丽萍等(2023)关注了多因素的组合对跨渠道整合的影响,但前因变量中缺乏对多渠道营销因素的关注,事实上跨渠道整合与企业使用的渠道类型和数量密切相关,其对跨渠道整合产生更直接的影响。

第三,在跨渠道整合的研究中还存在一些分歧性结论。例如,此前的研究发现,跨渠道整合与企业绩效间存在正相关(Cao et al.,2015;卢亭宇 等,2023)、倒 U 形关系(崔兴文 等,2021),渠道多元化正向(Du,2018;卢亭宇 等,2021a)或非线性影响企业绩效(Käuferle et al.,2015),企业规模与跨渠道整合负相关(Luo et al.,2016)或不相关(Cao et al.,2018)。这些研究结论成立的具体情境是否不同?具体在哪种情境中成立?已有研究尚缺乏合理的解释。这些分歧性的研究结论不利于已有文献间的对话,给跨渠道整合研究的推进带来困扰。

为了弥补已有研究的不足,更好地指导制造企业的跨渠道整合实践,本书围绕制造企业跨渠道整合这一核心变量,探究其构成维度、结果和前因的组态问题。本书的第一项研究要回答的问题是:制造企业视角下的跨渠道整合包含哪些维度,如何测量?本书首先通过量表开发的流程,确定制造企业视角下跨渠道整合的维度和测量内容,也为此后的研究奠定基础。具体内容见第 3 章。本书的第二项研究要回答的问题是:在多渠道营销情境中,制造企业跨渠道整合与相关因素的联动作用如何影响企业绩效?本书基于复杂系统理论和已有研究基础,构建一个包含跨渠道整合、渠道多元化、渠道差异化和跨渠道冲突的组态研究模型,探究这些因素的联动效应和多元化提升企业绩效的路径问题，厘清跨渠道整合在其中发挥的作用。具体内容见第4章。在多渠道营销情境中，明确跨渠道整合的作用后，需要进一步关注怎样的条件才能触发高水平跨渠道整合。于是本书进行了第三项研究，要回答的问题是：环境、资源和多渠道结构因素如何联动实现高跨渠道整合？本书基于开放系统理论、TOE（技术-组织-环境）框架和已有研究基础，构建了一个包含技术（IT能力）、组织（企业规模、渠道多元化和直接渠道比重）、环境（环境动荡性）的组态研究模型，探究这些因素的联动作用对制造企业跨渠道整合的影响，发现制造企业实现高跨渠道整合的多元化路径。具体内容见第5章。

1.2　研究意义

本书基于多渠道营销领域的相关理论和研究文献，围绕跨渠道整合这一核心变量，展开三项相关联的研究，包括开发和检验制造企业跨渠道整合的量表，探究制造企业跨渠道整合和渠道多元化等多因素的联动效应对企业绩效的影响，以及环境、组织和渠道因素的联动效应对跨渠道整合的影响。本研究与以往研究相比有四个方面的差异，如表1-1所示。

表1-1　本研究与以往研究的差异

研究内容	以往研究	本研究
跨渠道整合的结果	跨渠道整合对企业绩效的直接影响	跨渠道整合与渠道多元化、渠道差异化、跨渠道冲突的联合作用对企业绩效的影响
跨渠道整合的前因	企业规模、IT能力、渠道多元化对跨渠道整合的直接影响	环境因素（环境动荡性）、组织因素（企业规模、渠道多元化和直接渠道比重）和技术因素（IT能力）的组态效应对跨渠道整合的影响
变量之间的关系	线性关系（正向/负向/不相关）	复杂因果关系（多重并发、因果非对称、等效性等）
跨渠道整合的量表开发	零售企业或消费者视角	制造企业视角

首先，以制造业跨渠道整合为核心，探讨了其与渠道多元化、渠道差异化、跨渠道冲突的联合作用对企业绩效的影响，以及在所形成的不同组态条

件下跨渠道整合对企业绩效的非线性作用。已有研究聚焦于跨渠道整合的作用,检验了其对企业绩效的直接影响。本研究基于组态视角分析跨渠道整合、渠道多元化、跨渠道冲突、渠道差异化的联动对企业绩效的影响,发现通过跨渠道整合提升企业绩效的多种组态。其次,探讨了促进制造企业跨渠道整合的多因素组态,检验这些因素的联动效应。已有研究关注了企业规模、IT能力和渠道多元化对跨渠道整合的直接影响;本研究分析了多因素的联合作用对跨渠道整合的影响,探索实现高跨渠道整合的多元化路径。再次,发现了多因素间存在的多重并发、因果非对称和等效性等复杂因果关系。已有跨渠道整合研究侧重于采用回归分析方法探究变量间的独立影响和净效应;本研究基于组态视角探索跨渠道整合的结果和前因模型中多因素的联动作用和组态效应,发现了变量间存在的多重并发、因果非对称、等效性等复杂因果关系。最后,开发和检验了制造企业跨渠道整合的量表。已有文献中使用的量表多来自零售企业或消费者视角,并不能完全适用于制造企业跨渠道整合的研究;本研究针对制造企业跨渠道整合进行量表开发,为此后研究的开展奠定基础。

上述创新点既弥补了已有研究的不足,也为跨渠道整合研究的开展提供了新思路。具体来说,本研究的理论意义在于以下三个方面。

第一,提出并检验了跨渠道整合、渠道多元化、渠道差异化、跨渠道冲突的联动作用与企业绩效间的关系,识别出制造企业实现高企业绩效的多个组态。已有研究明确了跨渠道整合、渠道多元化、跨渠道冲突、渠道差异化之间存在的相互影响(卢亭宇 等,2021a,2023;Fürst et al.,2016;董维维等,2022),然而在探究跨渠道整合与企业绩效间关系时,仅关注了跨渠道整合对企业绩效的独立影响,并未探究这些因素的联动作用对企业绩效的影响。这可能使得跨渠道整合与企业绩效间存在的独特效应被相关变量所掩盖,不利于识别跨渠道整合与企业绩效间存在的复杂关系。基于复杂系统理论的观点,探究相互依赖的多因素间存在复杂关系适合采用“组合”思维。基于此,本研究采用组态方法探究跨渠道整合与渠道多元化等相关因素的联动作用对企业绩效的影响,发现可能存在的提升企业绩效的多元路径,识别在不同路径中跨渠道整合与企业绩效间的非线性关系,补充和完善了跨渠道整合与企业绩效间关系的研究。本研究拓展了复杂系统理论的应用范围，为复杂观视角下应用跨渠道整合等多渠道营销策略提升制造企业绩效提供了经验证据。

第二，提出并检验了跨渠道整合前因的组态模型，识别出市场环境（环境动荡性）、组织资源（企业规模、渠道多元化和直接渠道比重）、技术条件（IT 能力）所构成的多种等效组态，为探究制造企业跨渠道整合的多元路径提供理论参考。已有研究基于资源基础理论（Luo et al.，2016）、创新采纳理论（Cao et al.，2018）、制度理论（张广玲 等，2017）和开放系统理论（钱丽萍 等，2023；卢亭宇 等，2023）等，发现了影响跨渠道整合的三类主要因素：组织、环境和多渠道结构。然而已有研究更多关注的是单个前因条件对跨渠道整合的影响，忽略开放系统中要素间相互依赖而非独立的特性（Katz et al.，1978），未探讨三类因素的联合作用对跨渠道整合的影响。本研究检验了上述因素中多个前因变量的联动效应对跨渠道整合的影响，弥补了已有研究的不足，为跨渠道整合的有效实施提供了新思路。

第三，从制造企业视角开发跨渠道整合量表，为此后制造企业跨渠道整合的研究提供了一个可靠的测量工具。制造企业拥有更为多样化的渠道类型，利用跨渠道整合发挥多渠道协同效应，是制造企业重要的多渠道营销策略。然而，已有研究使用量表均来自零售企业和消费者视角的研究文献，不能完全适用于对制造企业跨渠道整合的研究，且已有量表在测量内容和维度上仍存在着分歧。理论研究中缺乏一个可靠的测量工具，这显然不利于研究工作的推进。本研究进行量表开发的理论意义在于，弥补此前研究的不足，获得一个可靠的制造企业跨渠道整合量表，为制造企业视角的跨渠道整合研究打好基础。

本研究有助于深化对跨渠道整合的实施和作用的认识，对于制造企业的跨渠道整合实践具有指导作用，体现在以下三个方面。

首先，为制造企业通过跨渠道整合提升绩效提供多条路径参考。制造企业使用的渠道类型包含自营渠道和中间商渠道，且每一类中又有电商渠道、直播渠道、社交媒体渠道、实体店等类型，在这些多元化的渠道类型中不同渠道之间的关系状态和差异化程度等也不同。这意味着即使跨渠道整合是重要的，其重要性也会在不同多渠道营销情境中存在区别。因此，企业要正确认识跨渠道整合的作用，如果不结合多渠道营销的具体情况，盲目跟风实施跨渠道整合则可能会增加渠道运营的负担，且无法从中获益。本研究帮助制造企业识别在不同情境中，通过跨渠道整合与其他多渠道营销因素的组合来提升企业绩效的多条路径；进一步发现对于制造企业而言，在哪种情境中最需要实施跨渠道整合，在哪种情境中可以侧重其他多渠道策略，合理发挥多渠道营销的作用。

其次，为制造企业提升跨渠道整合的程度提供路径参考。已有研究发现IT能力是实施跨渠道整合的关键保障，渠道多元化程度越高越有利于跨渠道整合。即使如此，所有IT能力和渠道多元化程度高的制造企业也很难无差别地实现高跨渠道整合。事实上，不同企业的市场环境、资源条件、多渠道结构不同，不可能无差别地采取同一种模式实现高跨渠道整合。本研究探索制造企业如何利用环境、资源和策略的联合作用助力实施跨渠道整合，帮助制造企业发现不同的实现高跨渠道整合的路径。尤其是充分利用资源之间的互补效应，以及资源与策略的匹配效应，尽可能根据自身条件选择合理的跨渠道整合实施路径。

最后，为制造企业开展跨渠道整合提供具体做法上的指导。由于跨渠道整合最早来自零售领域，相对而言在零售领域中受到更多的关注，因此适合零售企业的一些措施，比如所有渠道同品、同价、同促等打造无缝对接购物体验的方式受到广泛认可。然而，制造企业面对更为复杂的渠道类型，并不适合完全复制零售企业的做法，需谨慎对待跨渠道整合的开展。本研究通过探究制造企业跨渠道整合的构成维度，为制造企业开展跨渠道整合提供更为具有针对性的指导，避免盲目复制零售企业的做法而产生不必要的损失。

1.3 研究方法

针对研究问题，本研究运用了文献分析法、深度访谈法、问卷调查法、统计分析法、必要条件分析方法和定性比较分析方法等多种研究方法。

1. 定性比较分析方法

本研究选择使用定性比较分析方法（简称QCA方法）作为数据分析的关键方法，主要基于以下几点考虑。

第一,本研究要讨论的是多因素的联动作用对结果的影响,试图要发现触发结果发生的多元化组态。组态是指多个非独立因素组合成一种新属性的形态(Ragin,2000)。QCA方法是一种定性和定量相结合的研究方法,基于条件和结果之间的集合关系来进行因果推断(Ragin,2000;里豪克斯 等,2017)。该方法非常适合于发现多因素联动形成的多元化组态,以及发现和解释因果复杂性问题(例如:Doty et al.,1994;Miller,1986;Miller et al.,1984;Mintzberg,1979;Misangyi et al.,2017;Short et al.,2008;Furnari et al.,2021)。在因果关系的解释上,主流的统计方法(如多元回归、结构方程模型和因子分析等)是一种因之果的方法(effects-of-causes approach),估计特定变量在研究样本中的平均效应或净效应。如多元回归分析根据一个或多个预测变量估计(平均)结果,关注线性关系、对称关系(张明 等,2019;杜运周等,2021)。而QCA方法则是一种果之因的方法(causes-of-effects approach),旨在从研究案例中解释特定结果发生的合理且有意义的组态、模式或路径,也被称为"并发因果关系",即要素(条件或变量)的不同组合可能产生同样的结果(Douglas et al.,2020)。组态视角强调从整体上理解复杂现象,关注多个属性"如何"或"为何"形成整体的组合以解释因果复杂关系(Meyer et al.,1993;Miller,1986;Ragin,2000)。"组态"与"相关"具有明显的区别,组态理论认为因果复杂关系具有三个特征:①共同性(conjunction),这意味着结果很少有单一的原因,而是多种条件相互依存的结果;②等效性(equifinality),即实现一个特定结果不止一条途径,而是存在多条路径到达相同的结果;③不对称性(asymmetry),这意味着在一种组态中被发现有因果关系的属性在另一种组态中却可能不相关,甚至相反(Meyer et al.,1993;Misangyi et al.,2017)。管理学中许多有影响力的理论都体现了因果复杂性,如组织战略理论(Miller,1986)、竞争优势理论(Porter,1987)、组织设计理论(Hinings et al.,1989;Ketchen et al.,1993)等。近年来它在营销管理中也被广泛采纳(Woodside,2017;Jin et al.,2022)。该方法能够解决制造企业通过跨渠道整合实现高企业绩效的多个组态,以及实现高跨渠道整合的多要素组态,有助于为制造企业发挥跨渠道整合的作用和实施跨渠道整合提供更多路径参考。

第二,已有研究在零售企业情境中已发现跨渠道冲突影响跨渠道整合,但也有研究认为跨渠道整合也能抑制跨渠道冲突，面对这种难分因果的复杂关系，传统的回归方法难以适用。在访谈中本研究发现，制造企业的情境中不仅跨渠道冲突与跨渠道整合关系复杂，渠道多元化与跨渠道整合亦是如此。比如，某制造企业表示在企业开辟自营线上渠道之后，线下经销商对此感到危机，开始有意无意地诋毁线上渠道产品，为此企业在激励和补贴线下经销商配合线上渠道活动的同时，也可能压缩渠道数量。鉴于此，采用组态研究方法，可以不受内生性问题的限制，基于集合论思想从充分条件和必要条件的逻辑关系出发，解释因果复杂性问题。

第三，QCA 方法能够发现更多变量间的关系，更有助于为已有研究中相关性是正、是负或不相关的分歧结论提供补充说明。QCA 方法所得到的结论既可以呈现多因素组合而成的触发结果发生的组态（或路径），也可以在每一个组态中呈现单个变量的重要程度。在组态结果中，我们可以发现前因与结果之间的因果非对称性。例如，已有研究发现企业规模与跨渠道整合不相关，也有研究发现企业规模与跨渠道整合负相关。我们通过 QCA 方法既可以观察到企业规模不发挥作用的组态，也可以观察到企业规模非常重要的组态。

2. **必要条件分析方法**

必要条件分析（necessary condition analysis，NCA）方法是一种基于必要性逻辑思维的研究方法，能够识别条件变量中是否存在导致结果发生的必要条件。必要条件的逻辑是，如果 X（条件）存在是 Y 存在的必要条件，那么 Y 出现时 X 一定出现，或 X 缺乏的时候 Y 一定不出现（杜尔，2022）。例如，翻书（X）是阅读（Y）的必要条件，也就是说阅读（Y）发生则一定发生翻书行为（X），或者说如果不发生翻书行为（X）则一定不会发生阅读行为（Y）。因此，识别触发结果出现的必要条件，则有助于识别“卡脖子”因素，可能对于实现预期目标至关重要（杜运周 等，2020）。本研究利用 NCA 方法，检验跨渠道整合的结果和前因组态模型中是否存在制造企业实现高企业绩效和高跨渠道整合的“卡脖子”因素。

3. **文献分析法**

本研究运用文献分析法对现有文献中有关跨渠道整合、渠道多元化、跨渠道协作、跨渠道冲突等方面的文献资料进行梳理和归纳，梳理出多渠道营销研究的内容框架和逻辑思路，深入了解跨渠道整合实施的背景；并通过分析已有跨渠道整合相关研究的现状，识别已有研究中较为明显的不足，明确本研究的研究问题。

4. 深度访谈法

本研究设计了半结构化访谈提纲，对制造企业营销人员和渠道管理人员进行深度访谈，详细了解跨渠道整合的措施、效果以及遇到的难点等系列内容。通过对访谈资料中跨渠道整合具体举措进行编码分析，并结合相关专家的意见，整理出跨渠道整合的初始测量题项库。

5. 问卷调查法

本研究选择制造企业营销人员和渠道管理人员进行问卷调研，并在调研问卷中设计了筛选题项，以保证符合研究主题。比如调研对象所在企业的主营业务以制造为主，采用两条以上营销渠道进行销售和传播。调研工作委托 EMBA（高级管理人员工商管理硕士）和 MBA（工商管理硕士）学员完成，在向学员详细介绍调研目的和要求后，由符合条件的学员填写。

6. 统计分析法

本研究使用 SPSS 软件对调研数据进行筛查和描述性统计分析，并检验了测量变量的信度、效度和同源方法偏差等问题。本研究使用多元回归分析方法对组态分析内容进行了事后检验，通过组态分析结果的对比分析，确认使用组态方法实现研究的价值。

1.4　研究思路

围绕制造企业跨渠道整合的测量、结果和前因，本研究提出如图 1-1 所示的技术路线图。本研究共有三项研究和一个事后检验内容，这些内容之间存在着内在逻辑关联。

在第一项研究中，主要进行了制造企业视角下跨渠道整合量表开发工作，这是本研究要探究跨渠道整合结果和前因的基础工作。在量表开发过程中，发现了制造企业跨渠道整合的构成维度，也发现制造企业实施跨渠道整合所面临的复杂情境，从而衍生出第二项研究（研究二，结果研究）和第三项研究（研究三，前因研究）。在第二项研究中，主要讨论了与跨渠道整合密

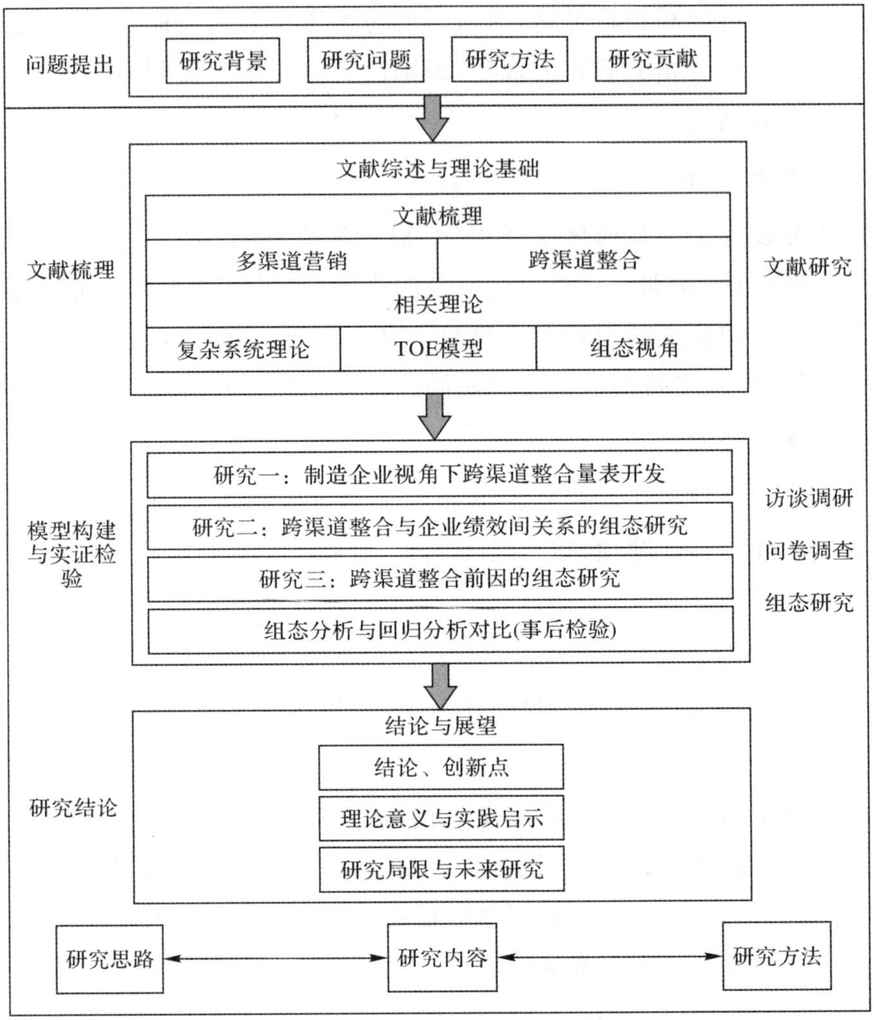

图 1－1　技术路线图

切关联的渠道多元化、渠道差异化和跨渠道冲突与跨渠道整合的联动作用如何影响企业绩效。该项研究的主要目的在于在制造企业复杂的多渠道营销情境中，发现跨渠道整合与企业绩效之间存在怎样的非线性关系，应该如何利用跨渠道整合提升企业绩效。在明确跨渠道整合的价值以后，又展开了第三项研究，讨论多因素的联动作用如何影响跨渠道整合的程度。该项研究的目的在于为制造企业实施跨渠道整合提供更多的路径参考，同时明确企业拥有的资源条件如何与环境、多渠道结构相匹配才能更好地助力跨渠道整合。

需要指出的是，本研究还采用回归分析方法对研究二和研究三进行了事后检验。这一做法的目的有两个：一是检验组态研究结果的稳健性；二是通过对比明确组态研究方法更适合去回答和解决本研究的研究内容。

本书内容如下：

第1章为“绪论”。本章主要介绍研究的现实和理论背景，并基于此提出了一系列研究问题。通过阐述本研究与已有研究的差异，明确本研究的理论意义。

第2章为“文献综述与理论基础”。本章从多渠道营销、跨渠道整合的测量、前因和结果等方面对现有研究进行系统梳理，并基于此指出现有研究存在的不足，明确本研究的必要性。

第3章为“制造企业视角下跨渠道整合的维度构成与量表开发”。这一章对跨渠道整合的内涵和已有测量维度进行了梳理，并结合制造企业访谈的一手资料，提出跨渠道整合的初始题项库；通过预调研对初始测量题项进行优化和筛选，形成最终的制造企业跨渠道整合量表；应用此量表开展正式调查，获得制造企业的有效数据，并对数据进行统计分析，检验量表的信度和效度；最终形成制造企业视角下的跨渠道整合测量量表，为后续研究奠定基础。

第4章为“跨渠道整合与企业绩效间关系的组态研究”。本章主要探究制造企业跨渠道整合与渠道多元化等相关因素形成的组态对企业绩效的影响，发现不同的组态类型对企业绩效的非线性作用。具体来说，本章基于复杂系统理论和已有研究基础构建了一个包含跨渠道整合、渠道多元化、渠道差异化和跨渠道冲突四个条件变量和企业绩效一个结果变量的组态模型，并采用NCA和fsQCA（模糊集定性比较分析）混合研究方法进行了必要条件和充分条件分析，发现实现高企业绩效和低企业绩效的组态。

第5章为“跨渠道整合前因的组态研究”。本章基于开放系统理论和TOE的逻辑，构建了一个包含环境因素（环境动荡性）、组织因素（企业规模、渠道多元化和直接渠道比重）和技术因素（IT能力）的组态模型。利用NCA和fsQCA混合研究方法检验这些前因条件是否存在构成制造企业高跨渠道整合的“卡脖子”因素，以及实现高水平跨渠道整合和低水平跨渠道整合的组态。

第 6 章为“组态分析与回归分析结果的比较”。这一章主要采用回归分析方法对研究二和研究三的内容进行事后检验,并与此前的组态分析结果进行对比,进一步明确采用组态方法审视跨渠道整合的作用和实施条件的意义。

第 7 章为“结论与展望”。本章主要总结了本书提出的三项研究的结论,结合现有文献对上述结果展开讨论,然后基于讨论总结出本研究的创新点、理论意义、实践启示以及仍存在的不足和未来可能的研究方向。

第 2 章

文献综述与理论基础

本章首先对多渠道营销的研究内容进行回顾，梳理出这些不同研究主题的核心内容，构建多渠道营销研究的内容框架。其次，对本研究的核心变量跨渠道整合的相关文献进行回顾，包括量表、结果研究、前因研究和相关理论基础等内容，总结出跨渠道整合研究的内容框架；同时，识别出此前研究中存在的不足或尚未解决的问题。最后，介绍复杂系统理论、开放系统理论的内涵，依据这些理论背后的逻辑，提出本研究的研究框架。本章对多渠道营销的研究内容进行梳理有几点原因：第一，多渠道营销是跨渠道整合出现的重要情境，明确多渠道营销中重要变量间的关系，能够更好地理解跨渠道整合的复杂情境，有助于理解跨渠道整合与哪些因素联动有利于提升企业绩效。第二，跨渠道整合是多渠道营销研究中的一个重要话题，其产生作用和实施都离不开多渠道营销情境，然而已有的跨渠道整合的前因和结果的研究更多关注企业因素，忽视这一重要情境的影响。因此只有回到多渠道营销情境中，才能发现与跨渠道整合密切相关的多渠道因素。第三，跨渠道整合作为本研究的核心变量，单独在 2.2 节进行介绍，但本质上它与多渠道结构、多渠道关系都属于多渠道营销的内容范畴。有鉴于此，为了更全面地识别跨渠道整合的研究发现和研究不足，需要首先对多渠道营销的相关内容进行介绍。

2.1 多渠道营销

营销渠道是企业向消费者传递产品、服务或信息的路径，也是企业与消费者沟通交流的接触点或媒介(Neslin et al.,2006)。网络环境中单一渠道很难满足消费者多渠道购物的需求，也不足以覆盖企业的所有市场区域。于是企业开始拓展渠道类型，以便可以触达更多消费者，满足消费者不同渠道购物的需求(李飞 等,2018;Lawrence et al.,2019)。多渠道营销并不是一个新的概念，一些企业很早就开始使用。早在20世纪初期，零售企业西尔斯就开始采用邮购渠道作为线下零售店的补充，此后还设立了电话销售渠道等(Cao,2014)。多渠道营销是指通过两种或两种以上营销渠道销售产品或服务的活动，包括设计、部署、协调和变革不同渠道来获得消费者和管理客户关系等(Neslin et al.,2006;Verhoef et al.,2015;Cummins,2016)。

对于多渠道营销的研究也由来已久，研究主题主要涉及渠道结构的优化(Zhang et al.,2017;Wang et al.,2018)、定价策略(Huang et al.,2009)、最优绩效(Radhi et al.,2018,2019)等，研究对象围绕直接渠道和间接渠道、自营渠道和中间商渠道、网络渠道和线下渠道等。然而，多渠道营销问题一直被作为企业内部管理问题，在营销渠道研究中的关注相对较少。直到20世纪90年代中后期，随着网络技术和电子商务的快速发展，企业营销渠道的类型和数量逐渐增多，有关多渠道的选择、使用、效果、管理等相关研究内容逐渐丰富(Herhausen et al.,2015;Yan,2011;张沛然 等,2017)。营销渠道类型的增加可能产生此消彼长的蚕食效应，也可能会产生相互促进的协同效应(Fornari et al.,2016;Wang et al.,2021)。一方面，在企业提供的多种类型的营销渠道中，当消费者通过其中某一种类型的渠道购买商品，则意味着其他渠道损失了该消费者资源。尤其是新增的渠道类型的出现，将对原有渠道的利益造成更为明显的蚕食效应。比如，传统实体渠道和自助渠道之间(Avery et al.,2012)、目录渠道和实体店渠道之间、直接渠道和中间商渠道之间(Sa Vinhas et al.,2005)。另一方面，网络时代消费者的购物行为出现新的变化，对购物体验提出新要求。卢亭宇等(2017)把多渠道营销情境中消费者线上和线下消费行为分为四种类型，其中线上支付线下取货和线下支付线上取货则是典型的跨渠道消费行为。跨渠道消费行为是指消费者可以在企业提供的诸多不同类型的渠道分散进行搜寻信息、对比选择、下订单等活动(Bell et al.,2018)。消费者在跨渠道消费过程中能否获得满意的体验将决定着其是选择购买还是放弃购买,抑或是观望(卢亭宇 等,2021b)。例如,消费者可能在网络渠道获取产品信息,但产品类型繁多、产品价值较高、产品品牌良莠不齐、线上产品描述不完备、在线沟通困难或消费者产品知识有限等诸多因素都会促使消费者选择线下体验,而此时线下渠道的便利性、互动强等优势则可以有效发挥,如果产品符合自己的要求,且线下价格较低或与线上差距不大,消费者将可能选择"线上获取信息—线下体验—线下渠道购买",反之则可能"线上获取信息—线下体验—线上购买"。消费者把购买流程分散在不同渠道,促使企业把渠道功能逐渐细分化,不同渠道开始承担传播、交易、服务等部分功能。在上述背景下,业界和学术界都开始聚焦一个问题,即如何让不同类型渠道更好地互动起来,从而实现多渠道的协同效应。也基于此,跨渠道整合、全渠道整合这些概念名称开始出现并受到关注。

跨渠道和全渠道营销则是在多渠道营销的基础上聚焦不同类型渠道之间的互动,例如跨渠道整合、多渠道协调、线上购买线下提货、全渠道营销等不同的研究主题(Cao et al.,2018;Gao et al.,2017;张广玲 等,2017;赵星宇 等,2021a)。全渠道一词最早出现在零售领域,也称为全渠道零售(omni channel retailing)。全渠道零售的出现,是基于线上线下融合的背景,旨在更好地实现不同渠道之间的深入协作,为消费者提供无缝对接的跨渠道购物体验(Lee et al.,2010;Wang et al.,2021)。目前对全渠道的理解尚未统一,有研究认为,全渠道是指企业面临更多渠道类型的选择、组合和整合(李飞 等,2018);还有研究认为,任意两种不同类型渠道之间的一致是全渠道(高伟 等,2019)。全渠道营销也被视作是渠道之间实现无缝对接的一种特殊形式,是多渠道营销和跨渠道营销策略的进一步延伸(李飞 等,2018)。在谈及这些概念间的区别时,有学者认为多渠道策略虽然关注企业多条营销渠道,但每条渠道之间并没有实现协同整合,例如,零售商有实体商店和网络商店,虽然网络商店具有在线订购功能,但消费者无法退回实体商店,因此渠道之间并没有实现相互关联,也没有跨渠道的信息交换,多渠道营销策略研究重点依然是独立的个体渠道(Verhoef et al.,2015)。贝克(Beck)等则认为跨渠道营销策略区别于多渠道策略的重要一点在于实现了渠道间的部分互动,例如消费者可以在不同渠道间自由转换购买行为,不同渠道之间做到了库存、价格等信息共享。全渠道营销更像是基于客户视角的定义,它不区分购物的客户界面,例如消费者可能在网页中看到广告,随后在手机客户端选择产品并完成支付,最后到实体店提货,无论在任何平台、在任何购买阶段,全渠道策略旨在协同整合客户接触点和沟通机会,以创造一个统一的品牌体验(Cummins,2016)。

事实上,近年来这些概念内涵上的差异已越发不明显,也不重要。多渠道、跨渠道和全渠道营销的根本目的都在于实现多渠道协同效应从而提升企业绩效,都需要解决多种类型渠道的协同问题,都需要解决如何改善消费者购物体验问题,即跨渠道整合问题。下文将对近年来的多渠道营销研究内容进行梳理和归类,以便于了解多渠道营销情境,发现相关内容与跨渠道整合间的关系,构建多渠道营销研究的内容框架,为跨渠道整合研究提供理论基础。跨渠道整合是本书的研究重点,将单独在2.2节展开论述。

2.1.1 多渠道结构

多渠道结构是企业在多渠道的类型选择、层级设计、使用渠道的多少等方面做出的规划与选择(庄贵军,2018;Nermin et al.,2017)。现有研究关注较多的多渠道结构策略有新增渠道、渠道多元化、渠道差异化、渠道双元化(直接渠道多元化、间接渠道多元化)等。多渠道结构与已有研究中提到的“渠道的组合结构”相似,包括企业使用的渠道类型,以及各类型渠道在企业销售中的比重等(庄贵军,2018)。相关内容如表2-1所示。

表 2-1 多渠道结构相关研究

研究主题	作者	主要结论	研究对象
新增网络渠道	Deleersnyder 等(2002)	新增渠道并没有影响报纸发行收入和广告收入的长期稳定增长率,除非新的网络渠道与原有渠道的细分市场过于同质化	新闻行业
	Geyskens 等(2002)	股市投资者认为,增加网络的预期收益大于当前和预期成本	新闻行业
	Pozzi(2013)	网络渠道的引入增加了13%的整体收入,对原有渠道的蚕食也是有限的	零售企业
	Hernant 等(2017)	新增网络渠道对原有渠道产生明显蚕食效应	零售企业
新增移动端渠道	Huang 等(2015)	在采用移动渠道后,网络渠道上的购买量略有下降;然而,消费者的总体购买量增加	零售企业
	Van Heerde 等(2019)	App(应用程序)的采用增加了远离实体店那部分消费者的购买	零售企业
	Gu 等(2021)	App 的采用对客户总体支出的影响是负向显著的	服务企业
	Narang 等(2019)	新增移动端渠道后消费者线上和线下购买量都增加	零售企业
新增线下渠道	Avery 等(2012)	新增线下渠道负向影响了目录渠道收入,对网络渠道无影响;长期来看影响了直接渠道的收入	零售行业
	Bell 等(2014)	新增线下展厅渠道增加了整体收益和线上渠道收益,线上线下渠道更好地实现与客户需求的匹配	零售企业
	Fornari 等(2016)	新增线下渠道在短期内降低了在线购买的可能性,但从长期来看,在线购买会增加	零售企业
	Wang 等(2017)	线下商店的开设对在线销售和搜索的减少(增加)有影响,线上线下是有益的互补关系	零售企业
渠道多元化	赵星宇等(2021a)	渠道多元化正向影响跨渠道冲突,企业规模正向调节两者关系,跨渠道整合负向调节两者关系	制造企业
	卢亭宇等(2021a)	渠道多元化正向影响跨渠道冲突,正向影响企业绩效	制造企业
多渠道复杂性	Nermin 等(2017)	环境不确定性促使企业多渠道复杂性增加,多渠道复杂性有助于提升企业绩效	制造企业
	Kabadayi 等(2007)	环境动荡性、竞争战略和多渠道结构的匹配有助于提升企业绩效	制造企业
	Käuferle 等(2015)	渠道多元化和渠道使用程度相关,渠道多元化和渠道使用程度与绩效间关系不显著	零售企业

第一，新增渠道。新增渠道带来的影响分为两种情形，一是新增网络渠道对原有线下渠道和企业整体绩效的影响，另一是新增线下渠道对网络渠道和企业整体绩效的影响。现有研究普遍认为，新增渠道能够提升企业整体绩效，因为新增渠道拓展了企业市场范围，让产品或服务触达更多消费群体(Berman et al.,2004)。新增渠道也会带来不同类型渠道之间的利益争夺问题，给企业多渠道经营带来困扰(Avery et al.,2012)。例如，Hernant等(2017)发现新增网络渠道对原有传统渠道造成明显的蚕食效应；Huang等(2015)发现企业采用移动端渠道后，原有网络渠道的购买量略有下降；Avery等(2012)发现新增线下渠道削弱了原有目录渠道的收入。然而，也有研究认为新增渠道并不一定会蚕食原有渠道收益，这与企业的细分市场以及产品类型有关。例如，Deleersnyder等(2002)发现新增网络渠道并没有影响原有线下渠道的收入，除非两种渠道所针对的目标市场过于同质化才会产生蚕食效应。

第二，渠道多元化。渠道多元化能够衡量企业销售产品或服务而采用的渠道类型的丰富程度(Homburg et al.,2020;赵星宇 等,2021a)。渠道多元化体现了多渠道系统中水平层面上渠道类型的多样程度，是衡量多渠道结构的一个重要变量(Homburg et al.,2020; Nermin et al.,2017)。渠道多元化能够帮助企业捕捉到市场需求的快速变化趋势，通过不同类型渠道获取更多市场信息从而适应客户需求变化，提升销量(Berman et al.,2004)。企业使用不同类型的渠道还可以分摊渠道运营成本和经营中的风险，例如网络渠道的建设和运营成本都普遍低于实体店，且可以触达更多消费者，同时，通过多条渠道销售产品也可以在某一种类型渠道出现风险时，其他渠道可以正常运营(Coelho et al.,2003;Du,2018)。然而，也有的研究发现渠道多元化会带来不同类型渠道之间的冲突加剧(赵星宇 等,2021a)，对企业绩效的提升并不会产生改变(Käuferle et al.,2015)。

第三，多渠道复杂性。多渠道复杂性是指多渠道系统在结构上的复杂程度，可以通过渠道类型多元化、渠道数量多元化和渠道层级多元化来衡量(Nermin et al.,2017)。在动荡程度低的环境中，市场变化较慢或相对容易预测变化趋势，渠道类型不需要过于复杂，类型过多会使企业成本增加反而影响企业绩效(Nermin et al.,2017;Kabadayi et al.,2007)。在动荡程度高的环境中,需求变化快,渠道类型多或使用线上线下双渠道都可以使企业从不同渠道获取更多市场信息从而有助于企业对市场做出预判,进而帮助企业获益(Nermin et al.,2017;Kabadayi et al.,2007)。然而,也有学者认为多渠道结构需要从渠道多元化和渠道使用程度两个方面来衡量,渠道使用程度是指不同类型渠道承担的销售任务的多少,研究发现企业产品和服务多元化会促使企业提升渠道多元化和渠道使用程度,但渠道多元化和渠道使用程度并不会影响企业绩效的变化(Käuferle et al.,2015)。

2.1.2　多渠道合作

多渠道合作体现在渠道间相互配合、相互支持的行动中。现有研究已关注了线上下单线下提货、线上购买线下退换、跨渠道信息一致和渠道差异化等方面,如表2-2所示。渠道差异化是不同类型渠道之间在产品或服务方面保持差异,以避免渠道之间为抢夺资源而发生矛盾和冲突。渠道差异化在已有研究中作为多渠道管理的一种重要策略,主要关注了对于抑制多渠道之间关系的作用。在多渠道营销的早期,渠道之间保持市场区隔,不同类型渠道各自经营。而在消费者跨渠道消费日益常态化的情境下,多渠道营销已经开始关注多渠道之间的合作,甚至是零售企业强调的全渠道协作。虽然渠道差异化没有直观体现出不同类型渠道间的合作,但笔者在梳理多渠道合作的研究内容时,依然把渠道差异化作为多渠道合作的一个方面,只是合作程度相对于其他措施而言可能较低。

表2-2　多渠道合作相关研究

研究主题	作者	主要结论	研究对象
跨渠道协作	Gallino等(2017)	STS(到店取货)导致产品种类分散度增加,给企业带来库存管理的压力,库存成本呈倒U形趋势	零售企业
	Pentina等(2009)	线上线下渠道协调正向影响在线销售额	零售企业
	Lin等(2021)	BOPS(线上购买线下提货)模式并不适合于所有产品	企业

续表

研究主题	作者	主要结论	研究对象
跨渠道协作	Naik 等(2009)	线上线下跨媒体协同增加了营销传播预算和支出	企业
	Luo 等(2020)	线上线下渠道间合作对整体绩效既会产生强化效用，也会产生蚕食效应	企业
	Akturk 等(2018)	BOPS 减少了消费者的交易成本和交易风险，然而到店取货引入后在线销售额减少了，线下销售增加了	企业
	Gielens 等(2020)	C&C(在线下单线下送货)购物促进了便利店的在线购买。对于具有便利需求的消费者来说，C&C 购物对线下门店销售具有正向的溢出效应	零售企业
	赵菊等(2022)	实施 BOPS 策略有利于零售企业增加收益	零售企业
	Song 等(2020)	BOPS 正向影响离线购买频率和在线购买金额；线下门店特征(即门店密度、产品种类和竞争强度)在 BOPS 使用中对购买行为具有调节作用	零售企业
信息一致性	Berger 等(2006)	线上线下广告的一致性可以提高企业的整体利润	企业
	Ravula 等(2020)	当消费者使用来自目录(数字渠道)的综合优惠券时，他们更有可能通过电话(在线)渠道购买；大多数消费者喜欢从与他们收到优惠券的渠道一致的渠道购买	企业
	Breugelmans 等(2016)	线下和线上同步价格促销，对于自营渠道而言，线上促销对目录渠道具有正向影响；线上和线下不同步价格促销，对于自营渠道而言，线上渠道促销对目录渠道具有负向影响	企业
渠道差异化	Fürst 等(2016)	渠道细分差异化和功能差异化负向影响跨渠道冲突强度和频率，渠道细分差异化和功能差异化负向影响多渠道合作	企业
	Radhi 等(2018)	采用实体店和在线商店的双渠道零售企业采用分散渠道比采用统一定价策略可以带来更大的利润	零售企业
	Yan 等(2010)	企业采用线上线下双渠道最优的品牌策略是品牌差异化	零售企业
	司银元等(2023)	品牌商要根据消费者偏好和渠道特点设计电子优惠券	企业

续表

研究主题	作者	主要结论	研究对象
渠道差异化	林强等(2022)	消费者对 BOPS 和线上渠道偏好程度不太高时,平台投放优惠券才能增加零售企业利润	零售企业
	Yan(2011)	品牌差异化不能完全解决跨渠道冲突问题,还需要结合收益共享机制实现多渠道协调	零售企业

注:文献未明确指出企业类型的,均在研究对象一栏中标注为“企业”,下表相同。

第一,跨渠道协作。多条不同渠道虽然都承担着销售或服务的功能,但也有各自的优劣势,能够围绕用户需求取长补短,这是多渠道之间进行协作的基础。已有研究关注了网络渠道和实体店之间的合作,也被称为线上购买线下提货(buy online and pick in store,BOPS)、到店取货(ship to stroe,STS)、在线下单线下送货(click & collect,C&C)等。网络渠道和实体店的合作既为消费者提供了便利的购物选择和无缝对接的购物体验(Bell et al. ,2014),也为实体店零售商和网络零售商带来更多的客流量(Zhang et al. ,2018;Cao et al. ,2016;Song et al. ,2020)。例如,Wang 等(2017)考虑了线上线下定位的背景,发现线下商店更具有广告效应的直接驱动效应,吸引新顾客,帮助线上渠道销售额的增长。Song 等(2020)发现 BOPS 会提升线下购买频率和在线购买金额。Gielens 等(2020)发现实体店提供 C&C 服务促进了实体店的在线购买量,尤其对于习惯线下购买的消费者来说,C&C 模式对线下门店销售具有正向的溢出效应。Pentina 等(2009)发现线上线下渠道协调正向影响在线销售额。

然而,有的研究发现这种线上和线下渠道间的合作可能会产生不利影响,因为这种合作给其中某种渠道类型带来了成本上升的压力或销售压力。例如,Akturk 等(2018)发现 STS 减少了消费者的交易成本和交易风险,STS 引入后在线销售额减少了,线下销售增加了。Melis 等(2015)则发现,BOPS 模式会使得线上销售额减少,而线下渠道销售额增加。Gallino 等(2017)发现 STS 导致产品种类分散度增加,给企业带来库存管理的压力,库存成本呈倒 U 形趋势。Naik 等(2009)发现线上线下跨媒体协同增加了企业整体营销传播预算和支出。也有研究进一步发现,渠道间合作并非适用于所有产品,如 Lin 等(2021)指出采用 BOPS 模式在一定条件下才能盈利,因为 BOPS 会增加零售商和制造商的交易处理成本和运输成本,如果产品交易成本低,或因为增加 BOPS 模式而提升了产品价格,此时可以获利。

第二,跨渠道信息一致性。保持信息一致对提升消费体验至关重要,也是企业经常采用的营销策略(van Baal,2014)。从消费者视角来看,当消费者在不同渠道感受到信息一致,则会增强消费的感知流畅性,反之则会产生认知困惑甚至反感情绪(Sit et al.,2018)。企业保持不同类型渠道间的产品一致可以为顾客提供更好的购物体验,增加线下顾客线上购买的频率和购买量(Emrich et al.,2015;Melis et al.,2015),也可以促使消费者更愿意选择该品牌产品,增加跨渠道顾客保留(周飞 等,2017)。也有研究发现除了保持产品信息一致之外,线上线下零售渠道保持信息一致、服务一致、价格一致、促销一致等可以提高消费者忠诚度,帮助零售企业获得更高权益(吴锦峰 等,2016)。还有的学者进一步指出全渠道保持一致尤为重要,因为不同类型渠道之间保持一致的服务,消费者会获得更好的购买体验,有助于建立品牌忠诚度,当企业不同渠道之间保持信息共享且实现无缝对接时,则消费者更愿意与之保持长期互动关系,因此全渠道一致性与无缝性有助于强化全渠道购物体验与品牌忠诚之间的关系,促进品牌价值提升(高伟 等,2019;刘益 等,2023;Ravula et al.,2020)。从企业视角来看,保持线上和线下广告一致,有助于线上线下协同提升企业绩效(Berger et al.,2006)。对于自营渠道来说,线上渠道和目录保持促销一致,有助于发挥跨渠道协作性从而有利于目录渠道的销量,反之不利于目录渠道的销量(Breugelmans et al.,2016)。

第三,渠道差异化。渠道差异化是针对不同的目标市场提供不同的产品或服务,也可能是在相同细分市场中提供不同的产品或服务,其目的在于建立渠道间的区隔,避免发生争夺用户等跨渠道冲突问题(Fürst et al.,2016;Trenz et al.,2020)。如 Yan(2011)研究发现为避免渠道冲突,在不同类型渠道实施品牌差异化策略可以更好地协调供应商的渠道整合行为。司银元等(2023)发现在全渠道营销情景中,企业需要根据消费者偏好和不同渠道的特点差异化设计价格和促销组合策略。也有研究发现,不同类型渠道之间差异化程度大,则可以进行合作和信息共享的情形较少,这样并不利于多渠道之间的相互合作和良好合作关系的培养（Fürst et al.，2016）。

2.1.3　多渠道关系

多渠道关系是指不同渠道之间在互动合作过程中呈现的状态，如跨渠道冲突、渠道蚕食、渠道协调等。跨渠道冲突是指不同类型渠道之间的冲突，也称为混合渠道冲突（Webb et al.，1997）、渠道间冲突（Sa Vinhas et al.，2005），或者多渠道冲突（Coughlan et al.，2006；Fürst et al.，2016）。Coughlan 等（2006）认为，当存在另一种类型的渠道时，现有渠道会认为这种渠道在追逐同一品牌的同一客户，渠道间冲突就会发生。Webb 等（2002）指出两种情况下会发生跨渠道冲突：一是不同类型渠道在争夺稀缺资源时；二是一类渠道主观认为另一类渠道的存在就是一种威胁。Webb 等（2002）发现跨渠道冲突负向影响渠道成员满意和渠道绩效，Webb 等（2007）的研究指出企业自营渠道间渠道冲突存在溢出效应，会造成中间商渠道间冲突。卢亭宇等（2023）发现跨渠道冲突会负向影响企业绩效。赵星宇等（2021b）发现跨渠道冲突不仅影响多渠道之间的协调，也会影响制造商和经销商之间的合作。讨论较多的抑制跨渠道冲突的措施是渠道差异化，例如不同产品或品牌差异化（Sa Vinhas et al.，2005；Wang et al.，2021）、渠道功能差异化和细分市场差异化（Fürst et al.，2016）、独家经营（Sa Vinhas et al.，2018）。也有的研究关注了多渠道营销策略对跨渠道冲突带来的影响。例如，渠道多元化会引发跨渠道冲突（赵星宇 等，2021a），渠道多元化促进跨渠道整合，进而提升企业绩效（卢亭宇 等，2023）。还有的研究认为跨渠道冲突也存在积极作用。

此外，现有研究也关注了环境、产品、组织等因素对上述多渠道策略的影响。企业实施多渠道营销策略的前因是复杂的，外部环境中消费者消费模式的改变、组织内部信息技术的支持、行业中竞争的强弱等都会促使企业采用不同的多渠道营销策略。

基于前文的回顾和总结，本研究对多渠道营销给出一个定义：多渠道营销是指企业围绕多渠道结构、多渠道合作而进行的一系列活动，旨在通过发挥企业所有渠道的协同效应完成营销目标，进而满足消费者需求，提升企业绩效。通过对上述研究内容的梳理,有两点发现:第一,多渠道营销研究的主要内容是关注企业怎样部署、调整、管理多渠道,产生 1+1>2 的协同效应来提升企业绩效(Fisher et al.,2019;Mark et al.,2019)和消费者的满意度(Ravula et al.,2020;Ertekin et al.,2021)。第二,现有多渠道营销的研究内容之间具有关联性,即多渠道结构策略、多渠道合作策略和多渠道合作关系之间相互影响,共同作用于企业绩效或渠道绩效,如表 2-3 所示。

表 2-3 相关研究内容间关系梳理

研究类别	研究主题	研究内容(企业层面)			
		企业绩效(渠道绩效)	多渠道关系	多渠道合作	多渠道结构
多渠道结构	新增渠道	Deleersnyder 等(2002)、Geyskens 等(2002)、Pozzi(2013)、Avery 等(2012)、Bell 等(2018)、Wang 等(2017)	Wang 等(2017)		
	渠道多元化	Du(2018)、Käuferle 等(2015)、Eyuboglu 等(2017)、Radhi 等(2018)	赵星宇等(2021a)、卢亭宇等(2023)	卢亭宇等(2023)	
多渠道合作	渠道差异化	Pentina 等(2009)	Fürst 等(2016)		
	跨渠道协作	Gallino(2017)、Song 等(2020)、赵菊等(2022)、Luo 等(2020)、He 等(2022)、Hara 等(2023)			Song 等(2020)、Hara 等(2023)
	营销组合一致性策略	Breugelmans 等(2016)	Yan(2011)	Breugelmans 等(2016)	
多渠道关系	跨渠道冲突	Webb 等(2002)、Yan(2011)		Fürst 等(2016)、Yan(2011)	

为了更直观地展现多渠道营销的内容,本书构建了一个内容模型,如图 2-1 所示。企业根据组织环境和外部市场环境的变化需要,调整、设计和部

署多渠道结构，并在多渠道之间通过不同的合作策略来实现渠道的协同发展。在这个模型中，跨渠道整合作为一种多渠道合作策略，因其聚焦于实现多渠道的协同效应和改善消费者购买体验，而受到学者们的广泛关注。因为跨渠道整合是本书的研究主题，下文将单独对其研究内容进行详细回顾。

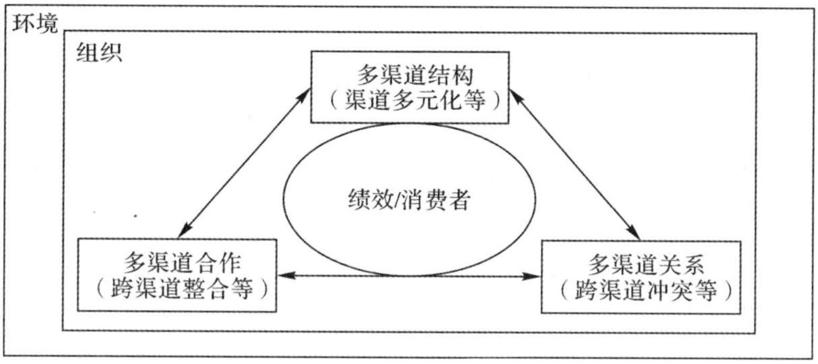

图 2-1　多渠道营销中变量间关系的示意图

2.2　跨渠道整合的研究现状

2.2.1　跨渠道整合的内涵

“整合”(integration)一词最早出现在哲学领域，用来描述部分与整体趋向统一的过程(黄宏伟，1995)。21 世纪初期，“整合”一词被引入多渠道营销研究领域，用来描述企业所拥有的不同类型渠道之间从彼此孤立到逐渐协同的互动过程，如跨渠道整合、多渠道整合或线上线下渠道整合等。能够在文献中查询到的最早在营销领域提出“多渠道整合”概念的是学者 Goersch(2002)，他在一篇会议论文中指出多渠道整合是指协同管理网店、实体店渠道等不同零售渠道，从而使消费者在渠道转换过程中获得一致购物体验。此后越来越多的学者开始关注跨渠道整合问题。Bendoly 等(2005)指出线上线下渠道整合是一种渠道之间相互辅助和互补从而有助于实现与客户交易的活动。Lee 等(2010)认为跨渠道整合的核心是渠道功能之间的强化、协同、互惠和互补。Cao 等(2018)认为跨渠道整合本质上是协调多渠道之间的目标、部署多渠道的功能，为消费者提供便利，实现渠道间的协同效应。概念的梳理如表 2-4 所示。这些概念虽然名称不同，但都强调不同类型渠道间的相互关联(Berman et al.,2004;Bendoly et al.,2005),目的都是实现多渠道协同效应(Lee et al.,2010;Cao et al.,2015;张广玲 等,2017),为消费者带来一致的购物体验(Goersch,2002;Berman et al.,2004;周飞 等,2017;崔兴文 等,2020),因此在本质上它们的含义是相同的。

表 2-4 跨渠道整合概念

文献	研究类型	研究对象	概念名称	内涵
Goersch (2002)	理论研究	零售企业	多渠道整合	协同管理网店、实体店渠道等不同零售渠道,从而使消费者在渠道转换过程中获得一致购物体验
Oh 等 (2012)	实证研究	零售企业	IT 导向的跨渠道整合能力	作为一家公司使用 IT 整合其服务交付系统中跨职能渠道资源和运营的能力
任成尚 (2018)	实证研究	消费者	全渠道整合	全渠道整合是指将零售企业与消费者之间不同的交互方式、途径,如网站、实体店、目录销售、电话等,统一管理和进行优势互补从而为消费者服务,满足消费者需求的渠道管理方法
Bendoly 等 (2005)	实证研究	消费者	线上线下渠道整合	渠道整合是一种多渠道履行模式,以相互支持或协作方式为终端客户提供可互换的替代方案
Cao 等(2015), Tagashira 等 (2019)	实证研究	零售企业	跨渠道整合	企业协调不同渠道的目标,通过对渠道任务的设计和部署发挥多渠道的协同效应
周飞等 (2017)	实证研究	消费者	多渠道整合	企业多条渠道通过功能上的互动,确保消费者在不同渠道购物时获得一致性的购物体验
张广玲等 (2017)	实证研究	制造企业	跨渠道整合	制造企业协调管理多渠道的目标和任务等,从而实现多渠道协同效应,并为消费者多渠道消费时提供更好的购物体验
崔兴文等 (2020)	质性研究	零售企业	跨渠道整合	跨渠道整合是一个不断发展和演进的过程,目的是实现渠道之间协作并提高一致性程度

学者们从零售企业和消费者视角解释了跨渠道整合的内涵，从中可以发现跨渠道整合呈现出几个特征。第一，渠道功能呈现出分散化的趋势。面对消费者的跨渠道消费行为，以及日益丰富的渠道类型，企业所拥有的多条渠道不再具备完整的销售、服务、物流等多项功能，而是根据自身特性承担某一项或几项功能，比如网络渠道主要承担销售功能，实体店承担展厅功能。第二，跨渠道整合的根本目的是实现多条营销渠道的协同发展，所使用的方式是多样的。比如，可以是线上线下保持信息的同步和一致，也可以是共享用户订购信息，抑或是线上下单线下提货等。根据以上分析，本研究对跨渠道整合给出一个定义：企业通过协调和管理销售渠道和传播渠道，实现渠道之间在功能上的有效衔接和相互赋能，发挥渠道协同效应。跨渠道整合的目的在于实现多渠道协同效应，提升企业绩效和满足消费者跨渠道消费需求。

2.2.2 跨渠道整合的影响因素

已有研究从外部环境、组织因素和渠道因素三个方面讨论了这些因素对跨渠道整合的影响，其中外部环境因素关注了消费者、行业和竞争对手等，组织因素主要关注了组织内部资源和能力，渠道因素则关注了渠道经营时间长度和渠道数量等。相关内容如表 2－5 所示。

表 2－5 跨渠道整合的前因和调节变量

影响因素	文献	变量名称	数据来源	主要研究结论
外部环境	张广玲等(2017)	制度压力	制造企业	制度压力促使制造企业跨渠道整合程度提升
	Cao 等(2018)	行业集中度	零售企业	行业集中度可以负向调节财务资源和跨渠道整合间关系
	钱丽萍等(2023)	顾客异质性和行业竞争性、经济发展水平、线上线下经验、财务资源、高管经验	零售企业	当区域企业发展水平不同时，内外部环境因素的组态形成多条影响跨渠道整合的路径

续表

影响因素	文献	变量名称	数据来源	主要研究结论
组织因素	Wu 等(2015)	电子商务策略	企业	自营电商发展策略正向影响线上线下渠道整合
	张广玲等(2017)	关系治理能力、IT 能力	制造企业	IT 能力正向调节规范压力和跨渠道整合间关系，负向调节模仿压力与跨渠道整合间关系
	Luo 等(2016)	IT 能力、IT 能力组合、财务资源	零售企业	IT 能力正向影响跨渠道整合；内部 IT 能力越平衡，越有利于跨渠道整合；财务资源会强化 IT 能力对跨渠道整合的正向影响
	Cao 等(2018)	多元化战略、IT 能力、关系资源	零售企业	多元化战略与跨渠道整合之间呈 U 形关系，IT 能力和关系资源正向影响跨渠道整合，企业规模和财务资源与跨渠道整合不相关
渠道因素	胡雯雯等(2019)	组织学习	零售企业	组织学习能力正向影响跨渠道整合(服务构造性、信息一致性和业务关联性)
	钱丽萍等(2023)	财务资源、高管经验、线上经验、线下经验、	零售企业	当区域企业发展水平不同时，内外部环境因素的组态形成多条影响跨渠道整合的路径
	董维维等(2022)	渠道冲突强度、渠道流畅性、渠道稳定性	制造企业	渠道冲突强度对跨渠道整合有"双刃剑"效应，即渠道冲突强度会通过破坏渠道流畅性来降低跨渠道整合，同时会破坏渠道稳定性来提升跨渠道整合程度
	卢亭宇等(2023)	渠道多元化	制造企业	渠道多元化正向影响跨渠道整合

第一，外部环境因素影响跨渠道整合。例如，张广玲等(2017)发现制度压力正向影响企业跨渠道整合。他们认为制度压力是一种外部环境压力，促使企业为了从环境中得到合法性与支持，而遵守特定组织域中重要利益主体所认可的各种规则制度，包括模仿压力、强制压力和规范压力。其中，模仿压力主要来自竞争对手成功采用跨渠道整合带来的感知经营压力，强

制压力来自顾客对无缝购物的需求，规范压力来自企业供应链系统中上游成员以及行业中的其他企业，当这些相关企业采用跨渠道整合时企业会感受到较大的规范压力。研究结果表明，三种制度压力都会正向影响企业跨渠道整合。Cao 等(2018)把跨渠道整合视为一种企业创新行为，研究发现在行业集中度高的市场中，企业大多拥有一定的市场占有率和较稳定的利润来源，不会主动冒险投资创新策略，因此行业集中度会弱化财务资源对跨渠道整合的正向影响。

第二，组织因素影响跨渠道整合。企业实施跨渠道整合需要投入财务资源和人力资源去改善或重建自己的信息系统，具备较强的 IT 硬件设备和技术人员能够保障企业的销售、物流等信息在不同渠道之间进行交换共享，从而让不同渠道之间的整合过程更加顺畅，提升跨渠道整合的程度(Luo et al.,2016;Cao et al.,2018)。此外，跨渠道整合的实施也与企业整体发展战略保持一致，因此不同的发展战略将对跨渠道整合产生影响。Wu 等(2015)发现内部化电商发展策略正向影响跨渠道整合，他们解释为：内部化电商策略意味着线上和线下渠道在管理和运营上相同，此时线上和线下渠道更像是企业内部不同部门，这样更利于实现跨渠道整合。也有的研究发现企业多元化战略和跨渠道整合之间呈 U 形关系(Cao et al.,2018)。他们解释为：企业多元化战略程度较低时，内部业务部门相对简单，有利于跨渠道整合的开展；多元化战略程度增高时，企业内部和外部沟通协调成本不断增加，管理者开始寻求风险规避从而破坏了资源溢出效应。Cao 等(2018)还把企业关系资源界定为企业在垂直渠道系统中所拥有的协调管理订货、发货等活动的权利，并使用企业自有品牌数量来衡量，零售企业自有品牌数量越多，越有助于实施跨渠道整合。关于企业规模对跨渠道整合的影响尚存在分歧。有的研究发现规模越大的企业越不容易去进行调整和改变，反而会不利于跨渠道整合(Luo et al.,2016)。然而，Cao 等(2018)发现，企业规模大小与跨渠道整合无关。张广玲等(2017)在研究中虽然把跨渠道整合作为控制变量，但观察回归分析结果也发现，企业规模与跨渠道整合间关系不显著。

第三，渠道因素影响跨渠道整合。已有研究中已有学者关注渠道因素对跨渠道整合的影响。刘露(2020)基于消费者视角，发现渠道保持畅通可以正向影响消费者对全渠道服务质量的感知。董维维等(2022)发现渠道冲突强度对跨渠道整合有“双刃剑”效应,即渠道冲突强度会通过破坏渠道流畅性来降低跨渠道整合,同时会破坏渠道稳定性来提升跨渠道整合程度。卢亭宇等(2023)发现渠道类型越多样越有助于推动制造企业实施跨渠道整合。

除了直接影响外,已有研究也讨论了能力和环境作为调节因素的影响。张广玲等(2017)在研究中发现IT能力和关系治理能力正向调节规范压力和跨渠道整合间关系,负向调节模仿压力和跨渠道整合间关系。研究对此解释为,企业具有较强关系治理能力和IT能力,能够形成一定的竞争优势,从而坚持自己现有战略而不会轻易模仿竞争对手;但为了保持良好渠道关系优势,则会更愿意满足供应商或消费者等相关群体的跨渠道整合需求;同时,具备更强的IT能力也让其更有可能去满足相关群体对跨渠道整合的要求。Luo等(2016)发现跨渠道整合的实现需要企业内部不同部门IT系统的合作,因此企业需要资金用于IT系统部署,当企业财务资源丰富时,企业IT能力对跨渠道整合的正向影响比财务资源稀缺时更强。

综上所述,环境因素和组织因素是现有跨渠道整合前因研究的重点,已经关注的具体变量有制度环境、企业资源和IT能力对企业跨渠道整合的作用等。现有研究为跨渠道整合的实施廓清了一个研究框架,提供了重要的理论基础。然而,也有一些结论尚存在分歧,例如企业规模对跨渠道整合的影响结论尚不一致。

2.2.3 跨渠道整合的作用

现有关于跨渠道整合作用的研究可分为企业视角和消费者视角,企业视角侧重于关注跨渠道整合对企业财务绩效、管理绩效等产生的影响,消费者视角侧重于消费者感知质量、满意度等方面。已有研究普遍认为,跨渠道整合在提升企业绩效、提升企业能力、改善消费者的购物体验和提升购物满意度等方面均发挥积极作用。也有的一些研究指出跨渠道整合在实施过程中可能带来的问题,如导致冲突加剧、给企业带来成本负担等。本研究回顾了企业和消费者视角下的研究内容,梳理整合如表2-6所示。表中未标注企业具体类型的,均为文献中没有明确说明。

表 2-6　跨渠道整合的结果研究

文献	结果变量	数据来源	研究结果
Oh 等(2012)	开发能力、探索能力	零售企业	跨渠道整合可以提升企业新产品开发和市场探索能力,进而影响企业绩效
Cao 等(2015)	销售收入	零售企业	跨渠道整合正向影响企业销售增长;企业线上经营时间和线上实体店数量会弱化跨渠道整合对销售增长的正向影响
Luo 等(2016)	管理行为类型、管理行为复杂性、管理行为异质性	零售企业	跨渠道整合对管理行为没有影响,跨渠道协作性和互补性正向影响管理行为复杂性
Gallino 等(2017)	销售分散、库存	零售企业	STS 功能增加了零售企业整体销售分散程度和库存压力
Breugelmans 等(2016)	渠道收益	企业	线下和线上同步价格促销,对于自营渠道而言,线上促销对目录渠道具有正向影响;线上和线下不同步价格促销,对于自营渠道而言,线上促销对目录渠道具有负向影响
Akturk 等(2018)	交易成本、销售额	零售企业	BOPS 减少了消费者的交易成本和交易风险,然而到店取货引入后在线销售额减少了,线下销售增加了
胡雯雯等(2019)	企业绩效	零售企业	服务构造透明度和信息一致性正向影响企业绩效,业务关联性对企业绩效的影响不显著
Tagashira 等(2019)	成本效率	零售企业	跨渠道整合可以实现规模经济效应,提高成本效率;零售企业的电子商务经验不会损害零售企业的效率,但会导致零售企业同时进行高水平的跨渠道整合时的低效运营;零售企业线下经营中的服务水平(员工人数/商店数量)负向调节跨渠道整合与绩效间关系
Song 等(2020)	购买频率、购买金额	零售企业	BOPS 的使用对线下购买频率和在线购买金额有显著的正向影响。线下商店特征(即商店密度、产品种类和竞争强度)在 BOPS 使用对购买行为的影响中有调节作用

续表

文献	结果变量	数据来源	研究结果
Gielens 等 (2020)	销售量	零售企业	C&C 购物对线下门店销售具有正向影响
Lee 等 (2010)	消费者忠诚度	消费者	对于零售企业多渠道整合拥有积极态度的消费者往往对零售企业的忠诚度越高
Bendoly 等 (2005)	感知风险	消费者	跨渠道整合负向影响消费者心理感知风险，当渠道整合程度提高时，消费者倾向于选择企业的其他渠道替代原有渠道而不是转移到竞争对手的渠道购买
Emrich 等 (2015)	消费者在线消费量	消费者	渠道同质化(网站和商店)会增加线上渠道消费量
周飞等 (2017)	渠道沟通质量、跨渠道保留	消费者	多渠道整合正向影响渠道沟通质量和跨渠道顾客保留，享乐型购物导向在多渠道整合与跨渠道顾客保留之间存在调节作用
汤定娜等 (2018)	网店感知服务质量	消费者	多渠道整合提升消费者对网店服务质量的感知，促进其更愿意选择线上购买
任成尚 (2018)	感知赋权	消费者	全渠道整合正向影响消费者感知赋权，进而正向影响消费者满意度
Swoboda 等 (2021)	感知服务质量	消费者	线上协作线下正向影响消费者感知服务质量；线下协作线上只影响消费者线上服务感知质量，对线上服务感知质量影响不显著

1. **跨渠道整合能够有效提升企业绩效**

首先，跨渠道整合有助于发挥多渠道协同效应，促进渠道成员绩效提升。例如，BOPS 的使用对线下购买频率和在线购买金额有显著的正向影响(Song et al.，2020)，在线购买实体店送货对线下门店销售具有正向影响(Gielens et al.，2020)，线上线下渠道产品一致可以实现渠道整体利润最大化(Yan，2010)，跨渠道一致性对企业绩效有正向影响(胡雯雯 等，2019)。崔兴文等(2021)发现，跨渠道整合正向影响零售企业收入。其次，跨渠道整合能够使企业通过不同渠道获得更多消费者信息，并有针对性地为消费者提供定制化服务，从而促进销售收入提升，增加市场份额和投资回报(Cao et al.，2015；Oh et al.，2012)。最后，跨渠道整合降低了消费者感知风险，增加了顾客保留(Bendoly et al.，2005)。

2. **跨渠道整合也会带来一些蚕食效应，不利于企业绩效提升**

跨渠道进行协作对不同渠道产生的效果有差异，比如 BOPS 促进线下渠道绩效提升，但线上渠道销售额减少了(Akturk et al.，2018)。Gallino 等(2017)发现 STS 功能增加了实体零售企业的品类和库存压力。Swoboda 等(2021)发现线下协作线上只影响消费者线上服务感知质量，对线上服务感知质量影响不显著。也有的学者发现多渠道之间的业务协作对企业绩效并无影响(胡雯雯 等，2019)，或者跨渠道整合与盈利水平之间呈倒 U 形关系(崔兴文 等，2021)。

3. **跨渠道整合能够提升企业管理能力**

跨渠道整合有助于企业通过不同渠道的协作和共享来为用户提供更多的新服务，例如调整现有销售方式实现退换货跨渠道协作等，从而有助于企业进一步开发和探索新的服务(Oh et al.，2012)。实施跨渠道整合的企业，往往具备较强的跨渠道管理和协调能力，能够实现较好跨渠道整合的企业也大多会具备执行复杂任务的管理能力(Luo et al.，2016；Wu et al.，2015)。

4. **跨渠道整合给消费者带来了良好的购物体验，提升了消费者满意度**

网络渠道和实体渠道各自具有不同的优势，网络渠道具有技术优势而能够实现实时与用户互动，实体渠道能够为用户带来更好的实物展示和体验服务，结合两种渠道优势能够提升用户的购物体验和忠诚度，提升其购买意愿(Schramm-Klein et al.，2011；Lee et al.，2010；Pantano et al.，2015)。线上线下整合有助于提高消费者感知多样性、感知便利性，降低感知风险(Emrich et al.，2015)。跨渠道整合通过多条渠道功能的协作配合更好地满足了消费者的购物偏好和购物需求，从而提升消费者对于实体渠道和线上渠道的感知服务质量、感知信任和跨渠道沟通质量感知，进而影响其网络渠道购物行为，增加网络渠道收益(吴锦锋 等，2016；Herhausen et al.，2015；沙振权 等，2015；周飞 等，2017；Swoboda et al.，2021)。消费者对于线上渠道的良好印象，也促使消费者在变换购物渠道时，更愿意在企业所提供的多条渠道之间进行转换即产生跨渠道保留行为（沙振权 等，2015；周飞 等，2017）。跨渠道整合也会让消费者更加倾向于去尝试零售企业所提供的其他不同类型销售渠道（Herhausen et al.，2015），尤其是对于娱乐导向的消费者（Lee et al.，2010）。总之，跨渠道整合可以提高消费者的控制感（Zhang et al.，2018）、购物参与度（Lee et al.，2019）、决策信心和购物过程中的乐趣（Sit et al.，2018）。

5. 一些情境因素（如组织特征、环境等）对跨渠道整合的作用会产生调节效应

比如，Cao 等（2015）发现，零售企业开设线上渠道的经营时间越长，或线下实体店的数量越多越不利于实施跨渠道整合。他们有如下解释：零售企业线上经营的时间越长，消费者更加倾向线上渠道购买，这会负向影响线下渠道的销售；线上经营的时间长也意味着企业投入更多的经费用于线上渠道的发展，这会减弱跨渠道整合对企业整体销售收入的积极影响。Song 等（2020）发现商店密度负向调节跨渠道协作与线上渠道购买行为间关系，但正向调节跨渠道协作与线下渠道购买金额间关系。此外，他们还发现产品多样性正向调节跨渠道协作与线上购买之间的关系，对跨渠道协作与线下购买不具有调节作用，竞争对手商品密度正向调节跨渠道协作与线上购买间关系。但钱丽萍等（2023）发现零售企业线上经营时间和线下门店数量与组织资源以及行业环境匹配可以有助于实现高水平跨渠道整合。此外，Oh 等（2012）还发现，企业员工的工作能力对跨渠道整合提升企业开发能力和探索能力有正向影响。

2.2.4 已有研究中的理论基础

现有研究从多个不同的理论视角解释了环境、组织和多渠道因素所构成的复杂情境对跨渠道整合的影响，这为进一步展开跨渠道整合的研究提供了理论基础。表 2－7 是前文回顾的实证研究中理论基础的归类，还有部分文献是基于已有研究结论进行的逻辑推演，未列入表中。观察表 2－7 可以发现，已有跨渠道整合的研究主要围绕“组织与渠道”“环境、组织与渠道”

“组织、渠道与绩效”“环境、组织、渠道与绩效”等几个主导逻辑关系展开。这些逻辑关系背后的理论依据，有资源基础理论、组织学习理论、开放系统理论、制度理论、知识基础观和创新扩散理论等。已有研究从多个理论视角为跨渠道整合的前因和结果研究构建了一个内容框架，主要包括环境因素、组织因素和渠道因素。

表 2－7　跨渠道整合实证研究中理论基础

理论基础	逻辑关系	相关解释变量	研究视角	代表文献
资源基础理论	组织—跨渠道整合—绩效	IT 能力与跨渠道整合、管理行为	零售企业	Luo 等(2016)
	组织—跨渠道整合—绩效	开发能力、探索能力与跨渠道整合、企业绩效	零售企业	Oh 等(2012)
资源基础理论＋组织学习理论	环境＋组织—跨渠道整合—绩效	学习能力、跨渠道整合、环境动荡性与企业绩效	零售企业	胡雯雯等(2019)
资源基础理论＋制度理论	环境＋组织—跨渠道整合	制度压力、IT 能力、关系资源与跨渠道整合	制造企业	张广玲等(2017)
知识基础观	跨渠道整合—组织—绩效	跨渠道整合、创新能力与企业绩效	企业	Pan 等(2020)
创新扩散理论	环境＋组织—跨渠道整合	企业规模、IT 能力、环境动荡性等与跨渠道整合	零售企业	Cao 等(2018)
开放系统理论	环境＋组织—跨渠道整合	财务资源、高管经验、线上经验、线下经验、顾客异质性、行业竞争性、经济发展水平	零售企业	钱丽萍等(2023)
	多渠道合作—多渠道关系—绩效	渠道差异化、跨渠道冲突、多渠道合作、企业绩效	零售企业	Fürst 等(2016)
	多渠道结构—多渠道合作/关系—绩效	渠道多元化、跨渠道整合、跨渠道冲突与企业绩效	制造企业	卢亭宇等(2023)
事件系统理论	多渠道关系—跨渠道整合	渠道冲突强度、渠道运行状态与跨渠道整合	制造企业	董维维等(2022)

资源基础理论认为，组织基于自身的资源和能力与其他组织竞争(Barney,1991;Wernerfelt,1984)。组织通过建立或拥有异质性资源和能力，创造难以被竞争对手复制的战略，此时竞争优势便建立起来。如果这种异质性的资源和能力，始终是稀缺的、不可替代和难以复制的，组织就拥有了持续竞争优势(Barney et al.,2007)。跨渠道整合是企业协同管理多渠道的战略行动，需要企业为多渠道之间的信息共享和相互协作提供资源支持(Luo et al.,2016;胡雯雯 等,2019)。同时，跨渠道整合帮助企业实现多渠道的协同管理，成为企业所拥有的一种不可能被完全模仿和复制的能力。因为一个协同整合的多渠道系统是有价值的，但每个企业所拥有的多渠道系统以及组织内部资源又是具有差异性的，所以跨渠道整合的程度和效果都不可能被完全模仿和复制。因此，根据企业战略资源的特点来找寻适合实现高跨渠道整合的路径，并通过跨渠道整合来提升企业绩效，对于多渠道营销的企业而言具有重要的指导作用(Oh et al.,2012;Luo et al.,2016;胡雯雯 等,2019)。

创新扩散理论认为在信息传递过程中创新的商品、服务、观点或想法等随时间推移也会被传递或共享给其他组织或个人(Rogers,2004)。跨渠道整合被视为与零售企业采用和实施创新行为的过程有关，例如，消费者通过移动互联网设备搜寻有关的产品信息，并且可以自由选择不同的渠道进行交易，此时零售商渠道的不同渠道必须传递一致的信息，并同步其信息系统，这促使零售商重新设计运行模式以适应这种变化(Verhoef et al.,2015)。再如，上游制造企业实施一些新的信息技术，这些新的集成技术也将改变下游零售商的行为，如无线射频技术、智能化仓储技术等，这也会促使零售商加快电子数据交换系统、电子商务协作系统的应用，推动不同渠道商渠道间的信息共享(Giotopoulos et al.,2017)。基于上述逻辑，Cao 等(2018)从三个维度解释了跨渠道整合的前因，即技术因素、组织特征和环境背景。

制度理论的一个基本假设是制度是环境中的一个重要组成部分，对组织结构和流程产生影响，这种影响主要表现为强制性、模仿性和规范性三种压力(Scott et al.,1995)。面对消费者市场终端对跨渠道消费者需求满足的常态化，零售商也迫切需要制造企业能够实现不同渠道之间的协作等互动活动。此外，行业内部不同的竞争对手在面对跨渠道消费和一些渠道间的问题后也会做出反应,竞争对手实施跨渠道整合也会对制造企业造成一种失去市场先机的压力和困扰,从而促使其进行跨渠道整合。基于这种逻辑,学者张广玲等(2017)讨论了制度压力、IT 能力、关系治理能力对于对跨渠道整合的影响。

组织学习理论的核心是关注组织成员的集体学习行为,组织学习是为了组织更好地适应复杂的市场环境,根据外部环境的动态变化而调整学习行为等(Zangwill et al.,1998)。零售企业通过学习可以获取外部市场的变化等信息,帮助企业提升资源整合能力和营销能力,同时提升组织内部员工的个人业务能力,为消费者提供更好的服务(蔡莉 等,2009)。组织也因为具备这种不断学习和提升自身的能力,获取了持续生存和发展的能力,尤其是在动荡性高的市场环境中更为突出。基于上述逻辑,胡雯雯等(2019)讨论了组织学习对跨渠道整合的影响,同时检验了环境动荡性对跨渠道整合与企业绩效的调节作用。

开放系统理论认为任何系统都是不断变化的,在外界环境的干扰和刺激作用下,在稳定、不稳定和新的稳定中不断循环发展。跨渠道整合涉及不同类型渠道的重新部署和设计,也包括渠道功能和任务的重新分配,因此也可以视作是一个从原有稳定状态到一种新稳定状态的转换过程。在这个转换过程中,渠道战略的制定要考虑组织资源、渠道因素和行业、消费者等多种因素(Fürst et al.,2016)。基于上述理论逻辑,钱丽萍等(2023)讨论了财务资源、高管经验、线上经验、线下经验、顾客异质性、行业竞争性、经济发展水平的组态对跨渠道整合的影响。

事件系统理论关注事件的强度对组织产生的影响。跨渠道冲突可以视为企业实施跨渠道整合过程中所发生的重点且频发的事件,这种事件对消费者、营销渠道成员和组织内部员工都可能产生影响。基于这种逻辑关系,董维维等(2022)讨论了跨渠道冲突对跨渠道整合的影响。

基于上述研究内容和表 2-7 归纳的逻辑关系,本书构建了一个跨渠道整合的研究框架,如图 2-2 所示。伴随着网络环境和信息技术的发展,企业通过调整渠道类型、渠道数量来满足市场发展需求,多渠道结构的变化也带来多渠道之间合作方式和合作关系的变化,对企业而言是机遇,也有挑战。为此,企业需要在内外部环境的影响下保持多渠道在结构、合作和关系三个方面的协调发展，从而满足消费者需求，提升企业绩效。该研究框架既是对已有研究内容的概括总结，也为未来跨渠道整合以及多渠道营销管理研究的深入，提供理论框架指导。

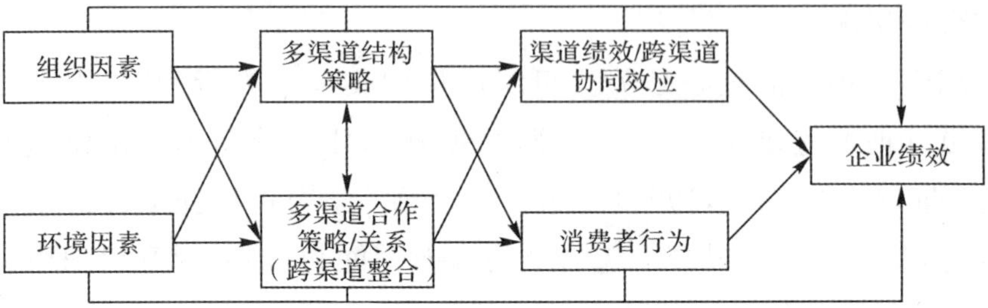

图 2-2 跨渠道整合的研究框架

2.2.5 跨渠道整合研究评述

跨渠道整合在近年来受到学术研究的关注，累积了较丰富的研究结论，这些研究发现为本研究提供了理论依据。但也因为该研究主题是一个相对较新的话题，还存在一些研究的空白以及不足之处。

第一，已有研究多采用回归分析方法关注变量间的净效应和独立影响，忽视多渠道营销中多因素之间的互动影响和联合作用。在前文的回顾中，可以看出绝大部分研究基于回归分析方法，探索单个变量对结果的净效应，以及调节变量对这一净效应的调节或交互效应。虽然上述文献也有通过加入调节(或交互)变量，探索变量间的联合效应，但受限于研究方法，当调节超过二阶时，传统统计方法可能会力不从心。因此，已有研究显然简化了现实中跨渠道整合的复杂情境，由此得出的结论对实践中管理者通过跨渠道整合提升企业绩效的指导作用可能会大打折扣。已有学者发现渠道多元化、跨渠道冲突、跨渠道整合、渠道差异化之间存在着相互影响，而企业规模、IT 能力、环境动荡性和多渠道结构之间也存在着关联，这些多因素之间的相互依赖、相互影响，促使研究去关注多因素的联动作用问题，而不是简单的线性关系。事实上，在多渠道营销的研究中，已有研究开始尝试运用案例研究(Cao，2014)、QCA 方法(Johansson et al.，2017)等方法去关注多渠道营销问题，这些方法在解释多渠道选择和发展方面提供了更详细的信息。其中 QCA 方法结合了定性研究和定量研究的优势，能够处理多因素联合效应的分析(联合效应),可以发现不同因素之间的替代关系或互补关系(杜运周 等,2017;张明 等,2019),在管理学和营销学研究中已被广泛采用。

第二,已有跨渠道整合的结果和前因虽然获得了丰富的研究结论,但存在较多分歧。从前文的分析可以看出,20 世纪 80 年代以来就出现了多渠道营销方式,但直到近十几年间才开始受到关注,主要原因在于网络技术和电子商务的快速发展推动了渠道类型的多样化,并由此引发出一系列新的现象,如渠道蚕食、跨渠道冲突、跨渠道迁徙、跨渠道搭便车等。可见,多渠道结构(多渠道数量和类型等)的变化影响了多渠道成员的关系(跨渠道冲突、渠道蚕食等),并进一步促使企业开始思考跨渠道整合。已有研究也检验了这种互动关系,比如赵星宇等(2021a)发现跨渠道整合负向调节渠道多元化和跨渠道冲突间关系,即跨渠道整合水平越高,越能改善渠道多元化带来的冲突问题。然而,在前因研究中仅关注了组织内外部因素的影响,忽视了多渠道结构变化这一关键情境。不考虑多渠道结构特征,很难正确判断资源和能力的真正价值,这可能是导致研究结论出现分歧的原因之一。比如,Cao 等(2018)发现企业规模对跨渠道整合的影响不显著,Luo 等(2016)发现企业规模负向影响跨渠道整合。

在结果研究中,跨渠道整合与绩效之间的关系依然存在分歧。比如,已有研究普遍认为跨渠道整合能够提升企业绩效(Cao et al.,2015),而崔兴文等(2021)发现它与利润间呈倒 U 形关系。Akturk 等(2018)发现跨渠道协作引入后在线销售额减少了,线下销售增加了;Gallino 等(2017)却发现跨渠道协作增加了线下经营的难度。但已有研究开始注意到渠道因素对跨渠道整合和企业绩效间关系的调节作用。比如,Cao 等(2015)发现零售企业线上经营时间和线上实体店数量会弱化跨渠道整合对销售增长的正向影响;Tagashira 等(2019)发现零售企业的在线经营经验、线下服务水平都会负向调节跨渠道整合与效率间的正向关系。事实上,跨渠道整合的作用与多渠道结构和多渠道成员关系变化密切相关,但更与这些因素在相互作用和联合作用下所构成的复杂情境有关。综合考虑多渠道结构和多渠道成员间关系的相互作用和联合作用,能更全面反映跨渠道整合的情境,正确认识跨渠道整合在不同情境中的作用。

第三,缺乏制造企业视角下的跨渠道整合研究。跨渠道整合研究最早出现在零售领域，关注零售端不同渠道间的协同管理问题。从前文的回顾中可以看出，目前企业视角的研究依然集中在零售企业，少数文献针对制造企业，但使用的测量量表依然来自零售企业。事实上，制造企业不仅面临多渠道的协同管理问题，且多渠道结构特征和多渠道成员之间的关系都更为复杂。以格力电器为例，从官方网站介绍来看，格力电器的营销渠道有专卖店渠道和官方商城渠道两大类，其中专卖店渠道又包括专卖店、体验馆和生活馆，官方商城渠道包括格力董明珠店、天猫旗舰店和国美旗舰店。格力专卖店为消费者提供售前、售中和售后服务，体验馆和生活馆则是主打产品体验和产品整体解决方法。可以看出，对于制造企业而言，即使是自营渠道内部也面临更多样的渠道类型，以及需要去设计、部署的渠道功能、渠道任务等问题。更何况大多数制造企业不仅有自营渠道，还有中间商渠道，它们之间的整合，以及中间商不同类型渠道间整合都将更为复杂和困难。在更为复杂的渠道类型和成员关系构成的多渠道结构中，制造企业理解的跨渠道整合和零售企业能否一致，实施跨渠道整合的条件和跨渠道整合的作用是否与零售企业一致都是存疑的。但可以肯定的是，缺少制造商视角下的研究，很难结合制造企业的情境去指导其跨渠道整合实践。

第四，跨渠道整合的测量维度存在分歧。在文献梳理过程中，尚未发现有跨渠道整合量表开发方面的研究。然而，根据上述文献回顾可以发现，跨渠道整合在前因和结果研究中所使用的量表无论是维度上还是题项上都存在明显差异，这让现有研究结果之间很难进行对话，也不利于后续研究的开展。比如 Breugelmans 等(2016)只测量了一致性，发现在线上线下同步状态下，线上促销对目录渠道具有正向影响(协同效应)。Gallino 等(2017)只测量了协作性(STS)，发现跨渠道整合会增加零售企业销售分散性和库存压力(蚕食效应)。虽然研究主题都是跨渠道整合，但显然各自研究的是不同的问题，这可能会导致后续研究者对跨渠道整合的作用产生错误的判断。再比如，Cao 等(2015)发现跨渠道整合与企业绩效之间呈正向显著关系，但胡雯雯等(2019)发现业务关联维度与企业绩效之间的关系并不显著，崔兴文等(2021)发现跨渠道整合和企业绩效之间呈倒 U 形关系。分析测量题项可以发现，Cao 等(2015)测量的跨渠道整合除了一致性、共享性和协作性以外，还有组织变革、后台信息系统集成等内容，而胡雯雯等(2019)的测量仅包括一致性和协作性，崔兴文等(2021)则测量了一致性和“拥有互联网沟通渠道、拥有互联网销售渠道”的内容。这让后续研究者不仅对跨渠道整合与企业绩效之间的关系产生困惑，也对结论产生怀疑。因此，要对跨渠道整合进行系统研究，首先要厘清跨渠道整合的内涵和测量维度。

2.3 复杂系统理论和研究框架

20世纪70年代，自然科学中出现“复杂性”概念，它随后在系统科学中被高度关注和系统诠释(唐恢一，2013)。复杂性具有“整体上有，局部没有”的涌现性，与系统概念中的整体性特征接近，于是复杂性被隐喻为某一类系统特有的形态，也称为复杂系统，甚至也有研究认为复杂系统就是复杂性(Rotmans et al.，2009)。复杂系统理论的观点可以概括为四个方面(Berger，2016；Bergmann Lichtenstein，2000)：①内部构成要素的不可还原性(irreducibility of elements)，即整体具有自身独有的特征和属性，整体不是构成要素的简单相加；②相互依赖性(interdependencies)，复杂系统中因果关系是复杂的而非线性的，某一个原因对结果的影响受其他因素干扰；③非对称性(non-proportionality)，投入与产出不一定成比例，即小投入可能大产出，而大投入也可能小产出；④动态性(dynamics)，系统是动态变化的。社会科学越来越认可以复杂性的视角关注研究问题，特别是管理研究中(Woodside，2017；盛昭瀚 等，2021；杜运周 等，2022)。根据盛昭瀚等(2022)的研究，复杂管理问题界定，即管理复杂程度和管理环境复杂程度均高。这类问题除了有因果关系，还有不确定的因素间的关联关系，这种关联关系可能是显性的，也可能是隐性的。例如，Arthur(2021)指出市场主体之间是高度关联的，经济活动是不断变化、不断涌现的定义不明确的复杂现象。杜运周等(2022)指出营商环境内环境要素、政府、市场主体之间相互依赖，共同演化出多元的生态系统。

基于复杂性理论延伸出对于因果复杂关系的探究，Ragin(2008)对因果复杂性提出了一个定义：“因果复杂是一种情况，在这种情况下，给定的结果可能来自几种不同的因果条件组合。”因果复杂性的基本逻辑是：解释结果的原因是由许多因素组合而成的，在这些指向相同结果的组态(也称为路径、构型、组合等)中，前因要素是多样的、复杂的、相互影响的甚至是相互矛盾的(Meyer et al.,1993;Misangyi et al.,2017;Tsoukas,2017)。要解释因果复杂关系,首先要突破“二元关系”的限制来认识多因素的相互依存关系(Doty et al.,1994),其次要采用一种适合于理解这种因素间依存关系和多因素组合关系的视角来认识因果复杂性。目前依据线性相关视角观察和解释管理现象是学术研究的主流,这种视角是将观察到的案例分解为“独立”变量,发现变量之间的线性相关关系,即“X 越多,Y 越多”的结论形式(Delbridge et al.,2013)。线性思维在解释复杂现象时,存在信息超载和过于简化的问题(Gallagher et al.,1999),也被认为是对社会科学中复杂现象背后的集合关系的错误认知方式(拉金,2019)。企业面临越来越复杂的社会环境,数字技术的发展、消费认识的改变、经济上行的压力等一系列社会变迁问题,任何组织的管理实践都是在内外部复杂情境中做出的判断。动荡的环境给管理理论和实践带来挑战,面对复杂的环境需要采用更全面和整体的视角去厘清复杂现象背后的管理规律,以解决管理理论与实践脱节问题(张玉利 等,2019)。

近年来系统理论被引入多渠道营销研究中,研究者认为企业的多渠道营销系统是一个复杂系统,并利用系统观去解释多渠道营销的复杂情境,探究多渠道营销内部的运行与外部组织系统、环境系统间的关系(Saghiri et al.,2017;赵星宇,2022;Fürst et al.,2016)。本研究基于已有研究发现,对多渠道营销系统的复杂性进行分析,如表 2-8 所示。

表 2-8 多渠道营销系统复杂性和开放性的体现

基本特征	复杂性	多渠道营销系统
不可还原性	整体不是组成部分的简单相加	多渠道营销系统不是不同类型渠道越多,协同效应越明显
相互依赖性	内部要素间相互依赖	不同类型的渠道之间,制造商与渠道成员之间相互关联
非对称性	要素间的影响是非线性的	渠道类型增加既会带来机遇,也会带来困扰
动态性	系统结构不断调整变化	多渠道营销系统的结构、关系、合作根据环境等因素而不断发生改变

多渠道营销系统具有系统的复杂特性，是由制造企业、代理商、批发商、零售企业等不同类型的渠道成员构成的，这些渠道成员围绕着产品或服务销售和传播的任务，通过执行各自的渠道任务维持多渠道系统的运转。从复杂系统视角来看，多渠道成员不断增加和细分化，给企业带来发展机遇，促使企业接触更多消费群体，拓展市场范围。然而，多渠道结构越来越复杂，多渠道成员之间的交互活动也越来越频繁，这促使多渠道成员之间的关系发生改变，可能是协同一致的，也可能是矛盾冲突的。即使是发生渠道之间争夺消费者的现象，也并不意味着会减少企业收益。因为多渠道系统的结构不可能无限扩张，会在一定时期后趋于稳定化，加上组织通过一系列跨渠道整合手段对多渠道营销系统进行管理，都会使得企业通过多渠道营销提升整体绩效。简言之，多渠道营销系统涉及多渠道结构、多渠道合作、多渠道关系等内容，这些构成内容之间相互依赖，共同影响着企业绩效。

依据上述逻辑，本书构建了研究框架，如图 2-3 所示，主要讨论两个问题。第一，在多渠道营销系统内部，跨渠道整合与渠道多元化、渠道差异化、跨渠道冲突的联动作用如何影响企业绩效。第二，在多渠道系统中，环境、组织和技术因素如何联动助力实现高跨渠道整合。要探索上述多因素的联动问题，适合从组态视角来进行审视，采用 QCA 方法能更好地发现多渠道

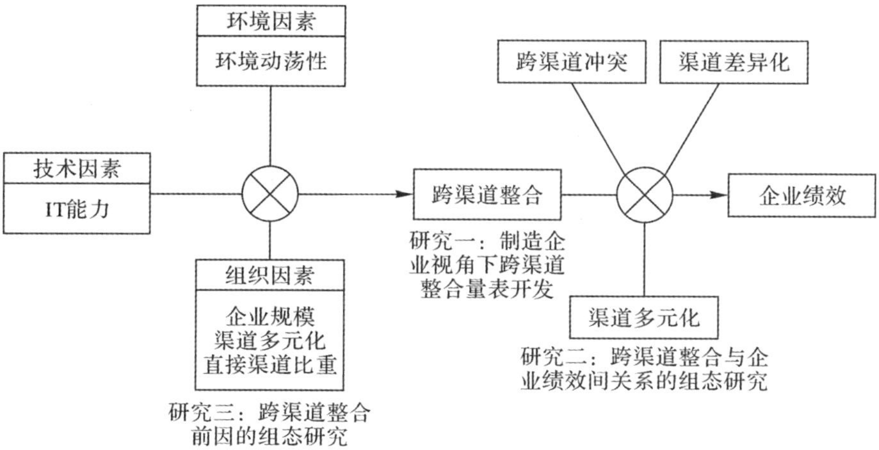

图 2-3　本书的研究框架图

营销中的复杂因果关系。此外，本研究还将在讨论上述多因素联动问题之前，检验单个条件变量是否是实现高企业绩效和高跨渠道整合的必要条件，以便明确这些因素中是否存在对引致结果具有非常重要影响的"卡脖子"因素。为了开展上述研究，本研究首先需要进行制造企业跨渠道整合量表开发这一基础工作。

2.4 本章小结

根据本书的研究问题，本章围绕着跨渠道整合这一核心变量进行文献回顾。第一，针对跨渠道整合产生的重要情境以及相关内容进行回顾，发现多渠道、跨渠道和全渠道营销的内涵和研究内容上的差异。对相关文献进行整体梳理后发现这些研究主题下的内容根本目标在于实现多条营销渠道的协同效应，从而提升企业绩效和改善消费者的购物体验，研究内容可以整理归纳为多渠道结构策略、多渠道合作策略和多渠道合作关系三个主题，其中又包含了关注较多的渠道差异化、跨渠道协作、跨渠道整合等内容。此外，更为重要的发现是三个研究主题并非相互独立，而是相互关联。为此本研究对已有文献中的内容间的关联性进行了梳理，发现已有研究围绕多渠道结构和多渠道合作，或多渠道合作策略与多渠道合作关系等内容进行了较多研究。基于此，本研究提出了多渠道营销的一个内容模型，多渠道营销包含多渠道结构、多渠道合作和多渠道关系三个方面，这三个方面之间相互影响、相互依存，共同影响着企业绩效。

第二，回顾本研究核心变量跨渠道整合的测量、前因和结果研究，整理出一个跨渠道整合的研究框架。通过对跨渠道整合文献的回顾，发现跨渠道整合与渠道多元化和跨渠道冲突等密切相关，而已有研究仅关注跨渠道整合对企业绩效的独立影响，并不能解释这些相关因素的联动如何影响企业绩效；同时也发现跨渠道整合的前因要素之间存在着相互关联，而已有研究尚未关注这些多因素的联动作用对跨渠道整合的影响。此外，跨渠道整合的研究以零售企业和消费者为主导，制造企业的研究近年来开始出现但相对较少，且缺乏一个可靠的测量量表。这不利于制造企业跨渠道整合研究的展开，也很难为制造企业跨渠道整合实践提供更为具体的理论指导。

第三，介绍了已有文献中使用的理论基础，包括资源基础理论、组织学习理论、创新扩散理论和开放系统理论等，梳理出这些理论在应用于跨渠道整合研究中的逻辑关系，进而归纳出一个跨渠道整合研究的内容框架。

第四，介绍了本研究所依据的复杂系统理论的内容，结合前文中的文献回顾和已有研究中的缺失，提出了本书的研究框架和研究内容。

第3章

制造企业视角下跨渠道整合的维度构成与量表开发

通过前文中的文献回顾可以发现跨渠道整合量表多来自零售企业或消费者视角下的研究，且内容上存在分歧。这让后续研究者产生两点担忧，一是零售企业和消费者视角下的测量内容能否适用于制造企业情境，二是现有量表可能存在表面效度和内容效度不足的问题。要通过实证研究方法去研究制造企业跨渠道整合，首先要为制造企业跨渠道整合研究提供一个可靠的测量工具。因此，本章通过规范的量表开发流程，开发制造企业视角下的跨渠道整合量表。

3.1 引言

随着多渠道营销的常态化，跨渠道整合成为越来越多企业协同管理多渠道的重要手段，受到业界和学术界的共同关注。回顾已有研究文献可以看出，学者们虽然认可跨渠道整合是一个多维度的变量，但关于构成维度和测量内容却不完全相同。

然而，仔细阅读跨渠道整合相关的研究文献，我们发现学者们普遍认为跨渠道整合是一个多维度的变量，但是研究中使用的测量维度却不尽相同。有的研究依据营销渠道执行的任务情况，将跨渠道整合的内容描述为品牌整合、信息整合、物流整合和交叉促销等（Goersch，2002；Oh et al.，2010；Cao et al.，2015）。还有的研究从消费者视角根据购买流程把跨渠道整合的维度划分为购前、购中和购后的整合（Wu et al.，2016）。进一步查阅这些测量维度的题项，我们发现具体测量内容上也存在差异。例如，有的研究侧重于测量线上线下产品和价格的一致性(Yan,2010),有的研究在一致性之外,加入不同渠道之间的相互协作等内容(张广玲 等,2017;周飞 等,2017),还有的研究中包含了构建统一信息平台和实施组织内部变革(Cao et al. ,2015),或是否拥有网络销售渠道等内容(崔兴文 等,2020)。跨渠道整合作为跨渠道和全渠道营销研究领域中的核心变量,存在测量上的不一致会让后续研究者在对跨渠道整合进行测量时无所适从,也不利于已有文献中跨渠道整合结论的积累和交流。虽然跨渠道整合的研究已累积了较丰富的研究结论,但对于跨渠道整合的测量不同,这让已有研究之间的对话受到影响,更会对未来研究的深入造成困难。此外,既有文献缺乏制造企业情境下跨渠道整合量表开发的研究。零售企业或消费者视角下的跨渠道整合,只反映消费者或零售企业的感知和态度。比如,Cao 等(2015)探讨了上市零售企业跨渠道整合对企业绩效的影响。这些研究问题虽然可能与制造企业有关,但并不能反映制造企业跨渠道整合的内容。我们发现即使有研究关注了制造企业的跨渠道整合问题,但使用的量表依然是零售企业情境下的测量内容。在制造企业跨渠道整合的构成不明确的前提下,讨论任何有关前因和结果的问题都可能是有偏颇的。

制造企业实施跨渠道整合与零售企业有几点差异。第一,跨渠道整合的对象不同。零售商情境中,跨渠道整合的主要对象是不同类型的零售渠道,如网络零售渠道和线下零售渠道等。制造商情境中,跨渠道整合的对象有零售渠道,也有中间商渠道。例如,以访谈中采用渠道最多的某家居产品制造企业为例。该企业表示,公司多渠道营销分为国内业务和海外业务两大类。其中海外销售渠道的销售额占比接近55%,包括 B2B(企业对企业)销售及 B2C(企业对顾客)销售,B2B 业务主要与 Kmart(凯马特)、Tesco(特易购)、Argos(爱顾)等海外大型零售商合作,B2C 销售主要以亚马逊和企业直营店为主。国内业务分为渠道业务和直营业务,其中渠道业务主要为 B2B 及 B2C。国内 B2B 主要以加盟商业务、工程项目、酒店项目为主,B2C 主要以天猫、京东为主要销售平台。国内直营业务占比13%,主要以直营门店为主。企业依托红星美凯龙、居然之家等国内大型家居连锁卖场,开设线下直营店,在国内一二线城市均布局直营门店。可见,制造企业跨渠道整合的对象可能是不同类型的零售渠道之间,比如线上和线下;也可能是零售商渠道和中间商渠道之间,比如制造商自营渠道和零售渠道;抑或不同类型的中间商渠道之间，比如工程渠道和零售网点之间等。

第二，零售企业跨渠道整合的直接目的在于满足跨渠道消费的需求，制造企业跨渠道整合的直接诱因更多是缓解渠道之间的矛盾和冲突。为满足跨渠道消费的需求，在零售企业跨渠道整合的内容上，更多以保持渠道之间的价格一致，以及渠道之间的相互配合为主。而制造企业渠道之间的矛盾是多种因素引发的，要缓解矛盾所采用的方法也不可能仅仅是保持渠道之间的一致。例如，受访企业 S4 表示："公司为了提高物流效率，缩短送货周期，分别在苏州、香河、成都、沈阳设立了中转仓库，辐射周边地区的产品出库、入库及物流交运工作，库存商品供不同销售渠道共用，就会造成可销售货源上的冲突。一方面，当产品市场表现较好、增长迅速时，多个渠道会互相争抢，造成有的渠道无货可卖，市场热度降低，产生先断货后压货的风险；另一方面，当产品销售形势不好时，各个渠道都不愿意销售这类产品，造成大量产品在仓库积压，形成呆滞库存，导致仓储费用暴涨，而后低价倾销，严重吞噬利益。"受访企业 S6 表示："在线上，按普通产品的购物平台做法，用户都是先付款，平台再发货，但是订购元器件是 B2B 行为，一家企业很难做到立马就可以付出款项，内部流程走下来少的 1～2 个工作日，长的无法估计，这就与前面所说的订购现货不相符，等到企业的款项申请下来，现货也成了期货。而线下的销售往往都会给予客户一定的账期，在账期内，都可以先发货后收款。于是线上平台用户往往会要求既享受线上平台的服务，同时也享受线下账期的支持，这让线上平台很难做。"

因此，本研究认为零售企业视角下的跨渠道整合量表难以反映制造企业的现实问题，要探究制造企业跨渠道整合，则需要首先提供一个可靠的测量工具。本研究对跨渠道整合量表的开发遵循 Churchill(1979)的研究，主要有三个步骤，如图 3－1 所示。第一，通过文献梳理，对零售企业视角下跨渠道整合的测量量表进行归纳整理，确定跨渠道整合的测量维度。第二，在深度访谈 10 位制造企业营销管理人员的基础上，对访谈资料进行编码整理，初步形成初始维度和测量题项。第三，在专家小组讨论后，对测量题项进行二次删减和调整，得到初始测量问卷。对初始测量问卷进行小规模预调研，并再次对问卷内容进行修正，形成正式的跨渠道整合量表，并对量表进行信度和效度检验。

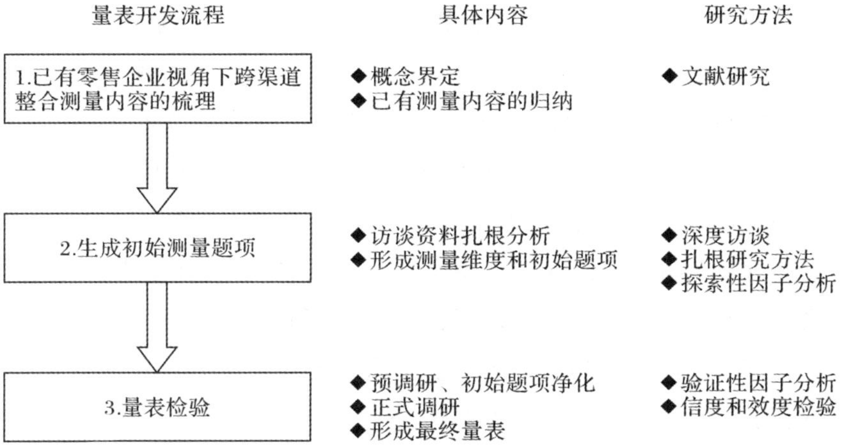

图 3－1　量表开发流程示意图

3.2　已有研究中测量维度的梳理

现有研究对跨渠道整合的测量主要呈现两种特点：量表主要来自零售企业的研究，即使个别研究对象是制造企业，但使用的量表依然来自零售企业的研究；测量内容主要围绕营销要素或营销过程，如表 3－1 所示。

表 3－1　已有研究中跨渠道整合测量维度

研究对象	作者	维度	内容举例
制造企业	张广玲等（2017）	促销信息整合、产品信息整合、订单执行整合、客户服务整合	公司的品牌、标语和商标在线上和线下是统一的
零售企业	Oh 等（2012）	产品与价格信息、促销信息、交易信息、信息获取、交易过程、用户服务	公司实体店和网店的产品或服务售价一致，用户可以利用线上渠道查询线下商店的地址或询问产品的常见问题
	Cao 等（2018）	整合营销沟通、整合订单履行、整合信息获取、整合基础（服务、促销、价格和忠诚计划）、企业后台系统集中化、组织转型	公司跨渠道提供的市场营销信息一致，公司跨渠道整合客户数据库
	Wu 等（2015）	购前整合、购买整合、购后整合	线上和线下使用相同或相似的品牌名称，在线上订购可以在线下提货

对跨渠道整合要素进行测量主要体现在产品、价格、服务、物流等方面。对跨渠道整合的展现过程测量主要体现在渠道功能或销售流程方面，如订单执行、沟通、信息传播、销售前期、销售后期等方面。通过观察表3-1可以进一步发现，不同学者对于跨渠道整合的要素和展现过程的测量内容虽然有差异，但观察测量题项可以看出其对跨渠道整合的本质理解具有很大相似性。梳理不同研究的测量题项，可以把现有研究对跨渠道整合的本质理解归纳为跨渠道之间保持信息一致、信息共享、销售协作和功能互补四个方面。

信息一致是指零售企业对外传递的品牌形象、服务标准、产品介绍等信息在不同渠道之间保持相同。从零售企业或消费者视角来看，一致性的购物体验是消费者可察觉到的经由企业发出信息的主观感受。已有跨渠道整合研究尤其重视不同渠道之间的一致，包括产品描述一致、价格一致、促销一致、服务一致、形象一致等。零售企业强调通过这些信息一致为消费者在跨渠道消费时提供更好的购物体验。信息共享在已有研究中是指零售企业采用统一管理信息系统，如销售过程中客户、订购等信息。在已有研究中，我们仅发现 Cao 等(2018)在测量中关注了该内容。销售协作是不同零售渠道之间在销售过程中的相互辅助和配合。在多渠道营销情境中，跨渠道消费已常态化，消费者习惯把购物活动分散在不同渠道内完成，为此不同类型渠道之间不仅要信息共享更要相互配合和辅助，确保销售过程的无缝对接。例如，消费者可能在线上咨询，然后到线下门店去实地体验产品或服务，最后回到线下去下单。消费者也有可能在线下门店了解到品牌或产品信息，回到网络渠道去进一步搜索和查询等。这都需要不同类型渠道之间相互配合，才能为消费者整个购买过程提供良好的体验。跨渠道协作性体现在不同类型渠道之间在用户咨询、产品订购、购后服务等环节的相互辅助。例如，线上订购线下提货等。功能互补是指线上和线下渠道利用各自功能上的优势相互弥补彼此的不足，从而共同配合完成销售过程。已有研究尤其关注了线上和线下渠道间的功能互补，线上渠道具有订购便利、可展示产品种类丰富等优势，而线下渠道则具有可触摸可体验的优势。再比如，企业的经销商渠道更便于为当地用户提供安装、送货或售后的服务，而这是企业网络自营渠道不具备的优势，因此两种类型渠道互补则能够顺利完成销售目标。

此外，还可以发现已有零售企业视角下的跨渠道整合测量，多是把跨渠道整合看作一个反映性量表，通过不同的维度来测量跨渠道整合的程度，基本都具有表面效度。但是，也不难看出两点问题。第一，个别研究可能存在表面效度不足的问题。比如题项“公司根据顾客地址自动分配订单，让该地区的分销商/零售企业配送产品”（张广玲 等，2017），这更像是测量公司上下游成员之间的协作，而不是多渠道之间的跨渠道协作。如崔兴文等（2021）认为测量内容还包括拥有互联网沟通渠道和拥有互联网销售渠道，Cao 等（2018）认为跨渠道整合还包括组织变革和信息系统集中化管理，这些更像是跨渠道整合的前因。第二，已有研究测量维度不统一，给研究内容间的相通相融造成困难。如崔兴文等（2021）只测量了一致性维度，周飞等（2017）测量了一致性和协作性维度等。

3.3　制造企业跨渠道整合量表形成

完成对已有测量量表内容的梳理后，笔者开始着手进行访谈。访谈的主要目的在于了解制造企业实施跨渠道整合的动机和措施，采用半结构方式进行访谈，访谈文本举例见附录 A。首先，询问访谈对象所在企业销售渠道的基本情况，从中识别出该访谈企业是否使用多条营销渠道以及多渠道的数量和类型，掌握该企业的多渠道结构特征。其次，鉴于跨渠道整合的概念并不是非常容易直观理解的，为了避免对于概念理解有误而影响访谈的质量，在实际访谈中，我们首先让访谈对象自由畅谈多渠道营销给企业带来的变化，从中了解到多渠道营销的利弊，让访谈对象逐渐谈及跨渠道整合的措施。在访谈对象谈及跨渠道整合的内容时，进一步说明跨渠道整合的内涵，询问企业是否进行了跨渠道整合，是如何实施的。最后，把零售情境中测量跨渠道整合的内容梳理成文，由访谈对象判断是否认可这些跨渠道整合内容。

选择访谈企业有三个标准：第一，主营业务以生产制造为主，且拥有两条以上的营销渠道；第二，经营规模在千万元以上，在行业内具有一定的知名度；第三，多渠道经营中采取了一些跨渠道整合措施。这三条筛选条件是为了确保访谈企业采用了多渠道经营和实施了跨渠道整合，具有代表性，能够满足研究所需。2019 年 4—6 月对 17 家制造企业相关人员进行了电话或网络沟通，通过简单沟通发现有些制造企业对跨渠道整合缺乏认知，且采取的多渠道管理措施依然是传统渠道管理中常用的补贴收益等措施，很难符合本研究的需要。经过对访谈对象的初步筛选，最终筛选出 10 家制造企业进行面对面深度访谈。这 10 家企业涉及家具生产、食品加工、服装、机械制造等行业，具体样本特征如表 3－2 所示。访谈主要采用实地访谈方式，访谈对象为制造企业销售部门负责人或业务管理人员。

表 3－2　访谈对象基本情况

访谈企业编号	行业类型	访谈人员
S1	电器	销售经理
S2	电器	销售经理
S3	电器	业务主管
S4	汽车	销售经理
S5	家居	销售经理
S6	电子	销售经理
S7	服装	业务主管
S8	化妆品	门店经理
S9	食品加工	业务主管
S10	服装	销售经理

3.3.1　测量维度的形成

访谈结束后，笔者对访谈资料进行了整理，大约 2 万字，选取其中 8 份资料进行文本分析形成范畴，剩余 2 份资料进行饱和度检验。具体访谈提纲和回答内容举例，见附录 A。

删除一些与跨渠道整合的内容无关的信息和一些重复的概念，共得到 42 条有效概念，通过进一步聚合归纳得到 14 个范畴，如表 3－3 所示。

表 3-3　跨渠道整合内容的陈述语句分类举例

部分原始资料	子范畴
S4-007 线上扮演的是引导购物、结算支付的角色，而线下扮演的是物流配送的角色，两者互相补充	线上销售线下配送
S3-007 代理商和销售人员对产品的介绍要一致，不能出现自相矛盾	产品介绍一致
S3-008 新品线上和线下店铺价格保持一致	同价
S4-006 湖北武汉市的一位消费者在线上下了一个订单，然后由距离这个消费者最近的经销商网点负责配送	送货过程中合作
S8-015 在网络旗舰店购买，线下门店可以进行维修	线上购买线下维修
S8-015 打造统一化沟通平台	沟通信息
S10-020 线上旗舰店能够查询到线下门店的位置	获取其他渠道信息
S6-009 打破加盟店和直营店客户管理系统不一致的壁垒，使用统一的客户管理系统，共享客户信息	统一管理客户
S8-020 建立统一管理信息系统，及时掌握不同渠道的库存和销售信息	掌握库存信息
S2-010 线上渠道要和门店一样给客户提供详细的咨询服务	服务相同
S2-021 用户线上获取的会员积分，在门店也可以使用	积分互通
S7-016 限制销售代表的权利，给予代理商一样的折扣权限	折扣力度相同
S9-019 线上渠道主要是引流，帮助产品推广，销售还是依靠线下经销商	线上引流线下销售
S5-018 用户可以去门店体验书桌、床等产品，可以在门店下单网上产品，也可以直接订购门店款产品	多种方式订购

注：S 代表制造企业编号，S3-007 代表第三家制造企业的第七条陈述，以此类推。

资料来源：访谈整理。

对整理后的范畴信息进行梳理，得到跨渠道一致性、跨渠道协作性和跨渠道共享性三个主范畴信息，如表 3-4 所示。通过对三个主范畴分析发现，可以用跨渠道整合来概括这些内容，即它们都是跨渠道整合的构成部分。

表 3-4 主轴编码结果

编号	主范畴	对应子范畴
1	跨渠道一致性	同价、产品介绍一致、服务相同、折扣力度相同
2	跨渠道共享性	沟通信息、统一管理客户、掌握库存信息、获取其他渠道信息
3	跨渠道协作性	积分互通、线上引流线下销售、多种方式订购、送货过程合作、线上购买线下维修

跨渠道一致性是指不同类型渠道提供的产品或服务信息保持同步或一致的程度。访谈企业 S1 表示："最近公司采用的方案是，取消电商独立的产品管理权限，线上线下产品一致，提供的服务也保持相同。"跨渠道共享性是指企业的信息在不同渠道间收集并在多条渠道间共享的程度（Kalakota et al.，2003；Berman et al.，2004）。如某受访对象表示："采用网络渠道后，主要通过网络渠道传播品牌信息和产品信息，并通过网络渠道引流到线下体验店，消费者网络订购后依然是线下加盟商负责送货、安装和售后，企业则会通过内部信息系统让网络渠道和加盟商共享消费者订购信息、企业生产进度或产品物流配送等方面的信息。"跨渠道协作性是指各条渠道之间优势互补和相互配合的程度。例如，受访企业 S1 介绍了具体做法："我们把经销商转变为线下服务商，由销售产品、考核销售业绩转变为提供服务，考核以引流业绩为主、销售业绩为辅。目的是与总部线上渠道的销售业务进行优势互补。"再比如受访企业 S10 的具体做法："每个店铺设立了店铺微信号，店铺微信号归公司所有，日常销售中导购必须把每个成交的顾客加为店铺微信号的好友，并标准命名（顾客姓名＋手机号码）、标注好标签和备注（包括穿衣尺码、年龄、性别、喜欢的颜色、穿衣风格等）。在此基础上，公司每年都会在线上渠道的促销节点（如'6·18''双十一''双十二'），发动店铺微信号的粉丝建群进行基于私域流量的线上促销，现在基于私域流量的线上销售已经占到总销售量的 20%以上。公司微信公众号粉丝基本稳定在 5 万人以上，视频号单个视频的播放量均在 3000 次以上，直播间粉丝也能稳定在 3000 人左右，这些线上的平台为宣传品牌并进行线下引流起到了比较好的作用。"再例如，受访企业 S7 表示："线下渠道商所代理的产品大比例为我公司产品，并且多年来一直都处于业绩增长的状态，公司与其建立了牢固的信任及

合作基础，公司对自身的电销及网络运营部门进行了职能的变革，电销及网络运营部门只进行品牌及产品宣传，取消了业务拓展的职能，全力助力代理商拓展业务，实现合作共赢。”

完成主轴编码工作后，本研究进行了选择性编码工作，发现变量间的联结关系。研究发现，跨渠道一致性、跨渠道共享性和跨渠道协作性在制造企业的实践中并不是同方向改变的，比如有些制造企业中信息共享程度高但渠道之间一致性程度并不高。受访企业在谈及措施时表示：“直营店和 4S 店对用户信息进行实时共享，营销策略等透明化，这样避免客户因为渠道信息差异产生误会甚至是潜客流失等。……4S 店可以经销畅销款型走量，提高销售额，而直营店重在推广公司产品，打造品牌影响力。”还有的受访企业的跨渠道一致性程度高，但跨渠道共享性相对较低。例如，受访企业表示：“公司产品类型单一，目前给电销和其他代理的销售政策是一致的……同时后台及前端系统都进行了改造，在操作上硬性对客户信息进行屏蔽，避免业务员对代理商造成抢单等违规操作出现。”鉴于这种发现，本研究猜测制造企业跨渠道整合可能是一个包含跨渠道一致性、跨渠道共享性和跨渠道协作性的二阶构成性量表。

在完成上述工作后，笔者对剩余 2 份访谈文本资料进行相同的编码和分析，没有发现新的范畴和联结关系，可以认为本研究所归纳的跨渠道整合的维度内容达到了理论饱和。

3.3.2　初始测量题项形成

将访谈中发现的 14 个范畴进行合并，选择提及率在 30%以上的表述，编制初始测量题项，共设计了 25 个备选题项。对初始测量题项的评价工作，由 4 位高校专家和 5 位从事渠道管理工作的制造企业管理人员负责完成。评价内容主要是判断跨渠道整合的测量题项能否反映跨渠道整合的内涵，从而确保测量量表具备内容表面效度和内容效度；此外，审核测量题项之间是否是相互关联的，相同维度内部的测量题项之间是否相互关联并能够反映共同的概念，最后排除是否存在遗漏的测量内容。经过专家的审核，修改了有歧义或语意表述不清的题项，如把“线上渠道购买，实体店退货或维修”改为“任何一条渠道购买，其他渠道都可以退货和维修”，把“我公司支持用户通过线上渠道查询线下渠道地址、联系方式”“我公司运作系统支持用户通过线上渠道查询线下产品信息”“我公司通过线下渠道宣传线上渠道信息”合并为一项“我公司不同类型渠道相互协作传播信息”。最终9位专家认为跨渠道整合的维度划分是合理的，测量内容能够反映跨渠道整合的含义，不同维度的测量内容与其内涵也基本一致，没有补充维度和题项。虽然访谈中已发现“价格一致”和“促销一致”在制造企业的多条渠道之间很难实现，但鉴于这两个测量题项在已有零售企业和消费者视角下的研究中被高度重视，因此在问卷中保留，以备后续进一步检验。通过访谈形成的初始题项如表3-5所示，共包含20个测量题项，其中包含了3个反向题项。

表3-5 跨渠道整合的初始测量题项

序号	测量题项
B1	我公司的品牌名称、标语和商标在多条渠道内是一致的
B2	我公司多条渠道对于产品的描述是一致的
B3	我公司多条渠道销售的产品价格是一致的
B4	我公司多条渠道中的促销信息是一致的
B5	我公司多条渠道提供的服务形象是一致的
B6	我公司多条渠道提供的服务水平是一致的
B7	我公司多条渠道提供的信息是不一致的
B8	我公司运作系统支持各条渠道库存信息共享
B9	我公司运作系统支持各条渠道物流信息共享
B10	我公司运作系统支持各条渠道用户订购信息共享
B11	我公司运作系统不支持各条渠道信息共享
B12	我公司运作系统支持不同类型的渠道相互协作传播信息
B13	我公司运作系统支持根据用户订单跨区发货
B14	我公司运作系统支持用户获得的积分和优惠券在各条渠道都可以使用
B15	我公司运作系统支持用户不同支付方式(在线支付、货到付款、实体店自提支付等)
B16	我公司运作系统支持用户在任何一条渠道购买，其他渠道都可以退货和维修
B17	我公司线上渠道为实体店消费者提供24小时服务
B18	我公司通过线上渠道销售一些特殊产品(实体店销量小或针对特定用户的产品等)
B19	我公司线下渠道能为线上消费者提供产品体验服务
B20	我公司不同类型渠道不进行相互协作

3.4　制造企业跨渠道整合量表检验

依据表 3-5 题项，本研究设计了跨渠道整合的初始调研问卷，问卷采用利克特 7 分法来进行设计(1="非常不同意"，7="非常同意")，且每一个维度内设置一个反向测量题项。

本次调研从 2019 年 4 月开始，持续到 12 月份结束，共发放两轮问卷，问卷调研对象为制造企业营销部门负责人。样本企业分布在机械、电子、食品饮料、汽车、医疗器械等行业，企业所在地集中在陕西省、青岛市、深圳市等地。本次调研主要通过西安交通大学管理学院 EMBA 班学员进行，具体操作环节有三个阶段：①招募 EMBA 学员参与调研，并告知调研对象的标准为采用至少两条及以上不同类型渠道的制造企业；②符合要求的 EMBA 学员如果了解本企业的营销渠道管理工作，可以直接填写问卷，如果不了解相关工作，则委托其交由本企业营销部门负责人或营销渠道管理人员来填写问卷；③还有部分 EMBA 学员虽然所在企业不符合要求，但与其有业务关联的合作企业符合要求，因此我们委托这部分 EMBA 学员在与其有业务联系的企业中寻找符合要求的样本企业，并在告知调研目的和注意事项后，由其代为进行问卷调研，回收的问卷交还研究人员。通过该方法进行调研，具有时效性，完成速度相对委托专业调研公司更快。此外，在调研之初能够有较充足时间告知每一位调研对象问卷调研的目的和注意事项，避免对调研活动本身产生抵触或误解。

3.4.1　预调研

2019 年 6 月到 8 月进行了第一轮问卷调查，发放 80 份问卷，回收问卷 78 份，回收率为 98%，剔除无效问卷后剩余 65 份有效问卷，有效率为 83%。无效问卷剔除的标准有三个：第一，问卷中某一变量的测量完全缺失；第二，设置的反向题项的回答未通过；第三，某一变量的测量题项得分完全一致。问卷中的 17 个题项的 KMO 值为 0.712，大于 0.5 的标准(Kaiser，1974)，Bartlett(巴特利特)球形检验的值为 1239.044，自由度为 210，$p<0.000$。这表明有共同因子存在，适合进行因子分析。

对使用预调研获取的 65 份有效数据，进行了探索性因子分析。运用主成分分析法，以特征值大于 1 为标准，经过正交旋转后共提取 4 个因子，累计解释方差为 57%。观察因子得分后发现，题项 B16 在其他因子上的得分系数超过 0.4，题项 B13、B15 和 B20 的得分低于 0.5。题项 B3 和 B4 形成一个新的因子，这说明制造企业视角下跨渠道一致性中传播信息一致和价格促销一致并不是一个因子。结合访谈中受访者认为，制造企业多渠道结构的复杂以及销售目标等问题，导致多渠道之间进行整合时很难像零售企业一样实现线上线下等多店同品同价。因此，可以初步判断制造企业跨渠道整合可能并不包含价格和促销一致。

结合三个因子所包含的题项，以及访谈文本中对制造企业跨渠道整合实施措施的梳理，本研究把探索性因子分析所得的三个因子，命名为跨渠道一致性（因子 CHC）、跨渠道共享性（因子 CHS）和跨渠道协作性（因子 CHL）。整理后，探索性因子分析的结果如表 3-6 所示。

表 3-6 探索性因子分析结果

测量题项		因子载荷		
		CHL	CHC	CHS
CHL1	我公司运作系统支持用户在任何一条渠道购买，其他渠道都可以退货和维修	0.75		
CHL2	我公司运作系统支持各条渠道相互协作传播信息	0.68		
CHL3	我公司线上渠道为实体店消费者提供 24 小时服务	0.77		
CHL4	我公司通过线上渠道销售一些特殊产品（线下销量小或针对特定用户的产品等）	0.67		
CHL5	我公司运作系统支持用户获得的积分和优惠券在各条渠道都可以使用	0.77		
CHC1	我公司的品牌名称、标语和商标在多条渠道内是一致的		0.89	
CHC2	我公司多条渠道对于产品的描述是一致的		0.88	
CHC3	我公司多条渠道提供的服务形象是一致的		0.77	
CHS1	我公司运作系统支持各条渠道库存信息共享			0.85
CHS2	我公司运作系统支持各条渠道物流信息共享			0.82
CHS3	我公司运作系统支持各条渠道用户订购信息共享			0.76

3.4.2　正式调研

从 2019 年 7 月到 12 月进行了第二轮问卷调查，共发放问卷 290 份，回收 245 份，经筛查后的有效问卷 158 份，有效率 64%。比对测量题项和样本量，发现样本量满足测量题项的 5 倍的要求(Nunnally et al.,1994)。样本企业分布于纺织服装业、机械制造业、食品饮料制造业、电子产品制造业等行业，年收入 500 万元以上企业占 80%以上。样本基本信息如表 3-7 所示。

表 3-7　样本企业的描述性统计特征

特征	信息	频数	占比/%
企业所属行业	纺织服装业	4	2.5
	机械制造业	52	32.9
	医疗器械制造业	9	5.7
	电子产品制造业	25	15.8
	食品饮料制造业	12	7.6
	汽车行业	2	1.3
	其他制造业	54	34.2
企业销售收入	<500 万元	20	12.7
	500 万～2500 万元	29	18.4
	>2500 万～5000 万元	14	8.9
	>5000 万～1 亿元	20	12.7
	>1 亿～3 亿元	18	11.4
	3 亿元以上	57	36.1
企业员工人数	<20 人	63	39.9
	20～100 人	18	11.4
	101～200 人	24	15.2
	201～500 人	11	7.0
	501～1000 人	4	2.5
	>1000 人	38	24.1

为检验题项及其结构的有效性，使用正式调研获取的数据进行了一阶验证性因子分析，表 3-8 中显示一阶验证性因子分析的因子载荷系数均大

于0.6，满足判断标准。此外，验证性因子分析的拟合指标在可接受范围内。

表3-8 验证性因子分析结果

测量题项		因子载荷		
		CHL	CHC	CHS
CHL1	我公司运作系统支持用户在任何一条渠道购买，其他渠道都可以退货和维修	0.62		
CHL2	我公司运作系统支持各条渠道相互协作传播信息	0.68		
CHL3	我公司线上渠道为实体店消费者提供24小时服务	0.72		
CHL4	我公司通过线上渠道销售一些特殊产品(线下销量小或针对特定用户的产品等)	0.62		
CHL5	我公司运作系统支持用户获得的积分和优惠券在各条渠道都可以使用	0.62		
CHC1	我公司的品牌名称、标语和商标在多条渠道内是一致的		0.87	
CHC2	我公司多条渠道对于产品的描述是一致的		0.88	
CHC3	我公司多条渠道提供的服务形象是一致的		0.77	
CHS1	我公司运作系统支持各条渠道库存信息共享			0.77
CHS2	我公司运作系统支持各条渠道物流信息共享			0.87
CHS3	我公司运作系统支持各条渠道用户订购信息共享			0.60

跨渠道一致性、跨渠道共享性和跨渠道协作性这三个二阶因子(或称为维度)的内涵不同，跨渠道一致性侧重于测量信息的相同性，跨渠道共享性侧重于测量信息的分享和共同使用的程度，跨渠道协作性侧重于测量渠道之间的互补与协作配合程度。需要说明的是，测量维度中包含着渠道之间在功能上的互补内涵，如有些制造企业的线上渠道可以为用户提供24小时服务，弥补线下渠道的功能缺失。而有些制造企业可能线上渠道只承担传播功能，不具备互补性，但侧重线下和线上的信息一致。再加上，量表检验中发现三个维度间并非同步和一致地变化。比如，跨渠道一致性和跨渠道协作性之间负相关，如表3-9所示。因此，判断跨渠道整合量表是一个二阶构成性量表，包含了三个二阶因子，分别为跨渠道一致性、跨渠道共享性和跨渠道协作性。三个维度本身又是一个反映性量表，包含了多个测量题项。

表 3-9　三个维度间相关性分析

维度名称	相关系数		
	CHL	CHC	CHS
CHL 跨渠道协作性	0.72[a]		
CHC 跨渠道一致性	−0.16	0.53[a]	
CHS 跨渠道共享性	0.29	0.19	0.66[a]
α 值	0.8	0.83	0.77
组合信度	0.85	0.88	0.85

注：a 表示此数值为平均提取方差值。

3.4.3　信度与效度检验

针对这种二阶构成性量表进行信度和效度检验与一阶反映性量表不同，本研究参考了庄贵军等(2015)文章中的做法，通过两个阶段将跨渠道整合的二阶因子和一阶因子分开进行检验，检验内容参考 Bollen 等(2002)和 Maccallum 等(1993)的文献。第一阶段，先对一阶因子的信度和效度指标进行评价；第二阶段，由于二阶因子是一个构成性量表，因此将其与两个结果变量(跨渠道合作和企业绩效)放在一起观察测量模型的各项指标是否符合标准。此外，本研究还采用 SmartPLS 3.0 对一阶因子的权重显著性进行了检验，题项均显著，检验结果见附录 B。

反映性量表最常用的信度检验方法就是计算 α 值，观察其内部一致性。α 值一般要大于 0.7(Nunnally, 1978)。同时采用组合信度(composite reliability, CR)和平均提取方差值(average variance extracted, AVE)来判断量表的信度。由表 3-9 可知，三个维度的 α 值高于 0.76，组合信度高于 0.8，平均提取方差值高于 0.5。这说明本研究开发的跨渠道整合量表中每一个维度都具有较好的内部一致性。因为跨渠道整合的二阶因子由三个可以独立变化的维度构成，这三个维度的变化并不是同方向的，所以不适合对它进行信度检验(庄贵军 等，2015)。

效度检验是判断量表内容是否真实有效度量了目标构念，主要通过理论依据和实证检验来判断(罗胜强 等，2014；庄贵军 等，2015)。表面效度用来判断量表内容与变量内涵相一致的程度，内容效度则主要反映测量内容涵盖变量内涵的充分性和准确性。检验表面效度和内容效度可以采用专家判断法(罗胜强 等,2014)。本研究所建立的制造企业跨渠道整合量表是在借鉴既有文献的基础上,结合半结构化访谈结果编制而成的,之后又通过邀请该领域的专家进行内容充分性的评价,对量表的表面效度和内容效度进行了审核,删除了有歧义的题项,因此可以认为该量表内容具有表面效度和内容效度。

收敛效度是判断各个测量题项是否反映了相同的构念。如果收敛效度差,表明各个测量题项所反映的内涵不同,则不能用这些题项来表示该构念。本研究采用 Hair 等(2006)的观点,采用每个题项(观察变量)在其相应潜变量上的标准化载荷系数、每个潜变量的平均提取方差值和潜变量组合信度。当潜变量的平均提取方差值和观察变量的标准化载荷均高于 0.5 时,表明量表具有较好的收敛效度(Fornell et al.,1981)。若平均提取方差值大于潜变量间的相关系数则表明量表具有区别效度(Anderson et al.,1988)。由表 3-6 可见,量表每个题项的标准化负荷系数在 0.6 到 0.89 之间,高于最低临界值 0.6。每个维度所代表潜变量的平均提取方差值超过 0.5,且大于该潜变量与其他变量间的相关系数。CR 表示模型潜在变量的信度系数,一般的判别标准是 CR 均大于 0.50,表示模型内在质量佳。从表 3-9 可以发现,量表一阶因子的三个维度具有良好的收敛效度和区别效度。

因为跨渠道整合二阶因子是一个构成性量表,无法直接采用验证性因子分析方法检验其收敛效度和区别效度(Jarvis et al.,2003)。我们采用 Kishton 等(1994)推荐的题项打包法进行检验。题项打包法是指从每个维度抽出 1～2 个题项,经过组合、平均后,构成涵盖且代表跨渠道整合的题项包。具体构成方法如表 3-10 所示。我们在测量模型中放入企业绩效和跨渠道合作两个变量来检验跨渠道整合的区别效度、收敛效度和预测效度。企业绩效是企业达成经营目标的程度,通常视为一种竞争性绩效(Poppo et al.,2010;张闯 等,2020)。借鉴卢亭宇等(2023)使用的测量指标,用以下三个题项测量:“T1 我公司的投资回报率高于主要竞争对手”“T2 我公司的销售增长率高于主要竞争对手”“T3 我公司的市场份额高于主要竞争对手”。跨渠道合作关系指企业多条渠道为实现共同目标而形成的一种协调关系。借鉴 Fürst 等(2016)使用的测量指标,用以下三个题项测量:“F1 我公司销售部门经常和各条渠道交换信息”“F2 我公司各条渠道之间是合作共赢的关系”“F3 我公司各条渠道在营销工作中合作紧密”。在调查时，请被调查者根据自己的认识，从 1 分到 7 分中选择合适的分值填写。表 3 - 10 是使用题项打包法进行验证性因子分析得到的结果。

表 3 - 10　题项打包后跨渠道整合的验证性因子分析

题项包/题项		变量		
		跨渠道整合	企业绩效	跨渠道合作关系
PARCEL1:[CHC1+(CHS1+CHS3)/2+(CHL1+CHL4)/2]/3		0.89[b]		
PARCEL2:[(CHC2+CHC3)/2+CHS3+(CHL1+CHL3+CHL4+CHL5)/4]/3		0.93		
PARCEL3:[CHC3+(CHL1+CHL3)/2+(CHS1+CHS3)/2]/3		0.92		
T1　我公司的投资回报率高于主要竞争对手			0.70	
T2　我公司的销售增长率高于主要竞争对手			0.94	
T3　我公司的市场份额高于主要竞争对手			0.77	
F1　我公司销售部门经常和各条渠道交换信息				0.69
F2　我公司各条渠道之间是合作共赢的关系				0.79
F3　我公司各条渠道在营销工作中关系紧密				0.72
相关系数	跨渠道整合	0.834[c]		
	企业绩效	0.319**	0.65	
	跨渠道合作关系	0.497**	0.316**	0.54

注：①模型拟合参数为 $\chi^2=49.5$，df(自由度)=25，$\chi^2/df=1.98$，RMSEA(近似均方根误差)=0.079，GFI(拟合优度指数)=0.937，AGFI(调整的拟合优度指数)=0.897，$p=0.002$，NFI(规范拟合指数)=0.943，CFI(比较拟合指数)=0.971；②b 表示表中此部分所有因子载荷均显著大于 0($p<0.01$)；③c 表示对角线数字是各变量均方差析出量。

由表 3 - 10 可见，三个题项包的标准化因子载荷均大于 0.8，且在 $p<0.01$ 下显著。这说明，三个打包后的测量维度测量的是同一个变量，具有较好的收敛效度(庄贵军 等，2015)。跨渠道整合、跨渠道合作和企业绩效之间的相关系数均明显小于各变量的平均提取方差值，说明跨渠道整合具有较好的区别效度，明显区别于跨渠道合作和企业绩效的题项。

本研究使用企业绩效和跨渠道合作关系来检验跨渠道整合量表的工具效度。跨渠道整合与这两个变量间的逻辑关系如下:跨渠道整合是多渠道之间进行合作的一种方式,旨在实现渠道间的协同效应,提高企业绩效(Cao et al.,2015;Luo et al.,2020)。渠道间保持更多的互动,有助于形成一种合作氛围,促使彼此间的合作关系更为紧密(Gao et al.,2017)。本研究预测,制造企业跨渠道整合有助于促进跨渠道间保持更为紧密的合作关系和提升企业绩效。

工具效度的检验结果如表 3-11 所示。模型Ⅰ显示跨渠道整合与企业绩效的路径系数为 0.423($p<0.001$),跨渠道整合与跨渠道合作的路径系数为 0.739($p<0.001$)。可以看出,模型Ⅰ的各项拟合优度值较为理想,可以认为跨渠道整合的测量具有工具效度。此外,本研究还构建了模型Ⅱ。模型Ⅱ把跨渠道整合的三个构成维度作为独立的变量,与企业绩效和跨渠道合作关系一起放入路径模型中,从拟合结果中可以看出各项拟合参数指标比模型Ⅰ较差,有些指标未达到较严格的要求。可见,三个维度分开检验对跨渠道合作关系和企业绩效的模型Ⅱ,从模型拟合指标来看要弱于对三个维度打包处理的模型Ⅰ。这说明,对跨渠道整合的三个维度进行打包处理后,能够更好地预测和反映与其他变量间的关系。此外,这也意味着作为一个构成性量表,跨渠道整合的三个维度可能还可以作为独立变量来使用,以便考察跨渠道策略所带来的影响。

表 3-11 模型的标准路径系数和拟合优度指数

模型	路径	预测关系	路径系数	检验结果	模型拟合优度值
模型Ⅰ	跨渠道整合→企业绩效	+	0.423	支持	$\chi^2=31.34$, df=24, $\chi^2/df=1.306$, RMSEA=0.04, GFI=0.96, AGFI=0.926, NFI=0.964, CFI=0.99
	跨渠道整合→跨渠道合作关系	+	0.739	支持	

续表

模型	路径	预测关系	路径系数	检验结果	模型拟合优度值
模型Ⅱ	跨渠道一致性→企业绩效	+	0.317	支持	χ^2=185.47，
	跨渠道共享性→企业绩效	+	0.011	不支持	df=110，χ^2/df=1.686
	跨渠道协作性→企业绩效	+	0.327	支持	RMSEA=0.067，
	跨渠道一致性→跨渠道合作关系	+	0.228	支持	GFI=0.88
	跨渠道共享性→跨渠道合作关系	+	0.472	支持	AGFI=0.833，NFI=0.844，
	跨渠道协作性→跨渠道合作关系	+	0.227	支持	CFI=0.928

3.5　本章小结

本章开发和检验了制造企业跨渠道整合量表，得到了一个包含跨渠道一致性、跨渠道共享性和跨渠道协作性三个维度的构成性量表。通过对制造企业的访谈，发现制造企业视角下的跨渠道整合和已有零售企业视角中的跨渠道整合的异同点，从而对已有文献中提到的测量内容和维度进行了修正，并经过营销领域专业人士的审核，初步形成了制造企业视角下跨渠道整合的初始测量题项。在第一轮预调研结束后，经过探索性因子分析，对因子载荷不符合标准的题项进行删除或合并，形成正式量表。在第二轮正式调研中，收集了 158 份有效数据，并进行了因子分析、信度和效度检验。本研究不仅为制造企业情境中跨渠道整合研究的开展提供了基础，也为制造企业实施跨渠道整合的实践活动提供了启示与借鉴。

它与以往零售企业视角下跨渠道整合量表的区别在于三个方面，即量表类型不同、测量维度不同、测量内容不同。

第一，制造企业视角下的跨渠道整合由跨渠道一致性、共享性和协作性三个维度构成，这三个维度之间并不是同方向变化的，并且三个构成维度对相同结果的影响作用不同。例如，跨渠道共享性并不直接影响企业绩效，而是直接影响跨渠道合作关系。这说明每一个维度并不能反映跨渠道整合，而是三个维度共同构成跨渠道整合。之所以和零售企业视角下的研究存在差异，可能的原因是制造商所拥有的渠道类型是复杂多样的，不同类型的渠道要实现协同整合并不能单纯通过某一种方式。此外，要实现不同类型渠道的一致或协作都必须借助渠道间的信息共享作为基础，三个维度之间彼此关联缺乏任何一个都很难保证制造企业跨渠道整合的实现。

第二，在构成维度上，制造企业视角下跨渠道整合强调信息的共享，而零售企业在测量跨渠道整合时很少关注跨渠道共享，更侧重于跨渠道一致和协作。在对零售企业视角下的研究量表进行梳理时发现，多数研究中侧重通过不同类型渠道的信息一致来反映跨渠道整合的程度，仅有 Cao 等(2018)在测量时提到了后台信息系统的集中化，认为跨渠道之间要进行物流、商业计划、呼叫中心的整合。这里体现了跨渠道之间信息整合管理，与本研究强调的跨渠道之间的信息共享，尤其是库存信息、订购信息和物流信息的共享并不完全相同。例如，受访对象 S4 表示："针对公司现在出现的库存冲突，加速完善信息管理系统，提升各个中转仓库存数据更新的及时性和准确性，并且改变原有的各渠道订货机制，以目前各渠道产生的现有订单为主，在现有订单量的基础上设置提货限额，超过限额部分的货物将不允许发货，待产生新的订单后方可继续订货，避免出现恶意囤货的现象。通过联合贮运、信息透明、中台系统的全面打通，促进公司内部销售团队之间的协作沟通。"再如，受访企业 S6 表示："打破加盟店和直营店客户管理系统不一致的壁垒，使用统一的客户管理系统，对于销售的所有客户都进行保护。出台相应的客户保护机制，做到客户到任意一家门店下单后业绩都计算到该客户的跟进人上，这样不至于导致客户在一家了解后，其他门店'割韭菜'的情况。"

第三，在测量内容方面，制造企业跨渠道一致性侧重于产品、品牌和服务信息的一致，很难实现零售企业视角下所强调的价格和促销一致。这主要是因为，制造企业的渠道类型是多样化的，不同类型渠道成员享受的渠道政策不同或者渠道成员的议价能力不同。例如，受访企业 S9 表示，自己拥有实体门店、微店和外卖平台等不同渠道，外卖平台的佣金比较高，并且经常有强制性促销要求，使得该企业只能在外卖平台上架高毛利产品，无法与门店保持产品品类和售价的一致。此外，该企业微店上架的产品与门店保持一致,但为了吸引网络消费者,微店上的价格略低于门店。再如,受访企业S5表示:"不同的平台在平台的促销方法上产生的费用,以及广告投放的费用都存在较大的差异,造成相同产品在各个平台之间存在利润的差异,因此公司将采取平台差异化商品运营,即在不同的平台上采取不同的商品策略来保证公司在不同平台上的利润。"受访企业S8表示:"对线上渠道和线下渠道实行差异化管理,区别不同渠道主打产品,避免因不同营销渠道导致的同产品、品牌竞争。线上渠道主打B品牌的上市新品,实行饥饿营销策略,而线下渠道主要销售应季产品。将CS渠道的管理独立出来,由专门的团队管理该渠道的代理商,从货品上做了彻底的分割,每年上新的产品,其中有很大比例会单独给到CS渠道。"制造企业强调价格和促销一致主要是自营渠道内部,而不同类型渠道间的一致则更多是指传播信息的一致,如品牌、商标、服务水平等。

上述研究发现对于制造企业跨渠道整合实践具有三点启示。

其一,有助于为制造企业实施跨渠道整合提供更为具体的内容指导。学术界和业界对于跨渠道整合更为强调"一致",这和跨渠道整合的概念来自零售领域有关,但也可能会让制造企业片面强调"一致"而忽略了"一致"的内容和适用的情境。比如,制造企业要正确判断渠道间保持一致的问题,跨渠道整合在实施过程中,更强调传播信息方面的相同,对于目前零售行业提倡的"同价同促"则要结合情境使用。本研究认为在制造企业自营渠道内部,线上线下渠道间适合实施"同促同价",而其他不同类型渠道间则更适合保持传播信息的一致。此外,除"一致"之外,还有一些内容没有被关注却可能恰恰是制造企业应该重视的内容。比如,研究发现信息共享是制造企业跨渠道整合的重要内容。制造企业不同渠道之间保持订购信息、物流信息、库存信息等内容的共享,有助于多渠道之间更好地合作,保持良好的合作氛围和合作关系。

其二,有助于制造企业全面理解跨渠道整合,精准实施跨渠道整合。制造企业跨渠道整合由三个部分组成,即渠道之间的传播信息一致、渠道间的信息共享和渠道间的相互协作。制造企业实施跨渠道整合不能仅强调某一方面,而忽视其他方面。在实施过程中,可以根据情况来调整三个组成部分的关注度。比如,保持高度的信息共享和信息一致,而在协作方面相对措施较少;或者保持高度的协作和共享,但信息一致方面相对措施较少等。这些维度可以组合成不同的跨渠道整合策略,让企业根据组织情境来进行调整,也让跨渠道整合作为一种策略更具有灵活性。

其三,企业可以把本研究提出的三个维度视为三种跨渠道策略,这三种策略相互影响,又会产生不同的作用,这对于企业实施多渠道营销提供了更多策略上的选择。制造企业实施多渠道营销依然处于一个探索的阶段,多渠道营销带来的机遇和挑战都是一个新的现象和问题,能够提供更多的策略发现,有助于根据实践情境来做出合理选择,有利于企业多渠道营销实践。

第4章

跨渠道整合与企业绩效间关系的组态研究

通过前文中的文献回顾,我们可以发现跨渠道整合是企业为实现多渠道协同而采取的一种多渠道营销策略,跨渠道整合与渠道类型的增加以及渠道间冲突的出现密切相关。这意味着探究跨渠道整合的实施效果需要综合考虑与之相关因素的联动效应,因为在多因素组合而成的不同的多渠道营销情境中,跨渠道整合的效果可能存在差异。为了进一步厘清跨渠道整合的作用,本章基于复杂系统理论的观点探究跨渠道整合与其他相关因素的联合作用对企业绩效的影响,发现在跨渠道整合与企业绩效间存在的复杂因果关系。

4.1 引言

在互联网时代,企业同时使用实体店、网店、微店或直播平台销售产品与服务已成为一种常态。多渠道虽然为消费者提供了更为便利和个性化的购物选择,但是也给企业的渠道管理带来更多挑战。早期多渠道管理的重点在于单个渠道的最大化利用,即围绕单个渠道而进行设计、部署、协调和变革等(Neslin,2006)。随着消费者跨渠道购物习惯的养成,消费者可能在网络社区搜索产品相关评价信息,在实体店体验产品,然后在不同电商平台进行价格对比(卢亭宇 等,2017)。这迫使企业进行多渠道营销,渠道管理的重点不仅是单个渠道的最大化利用,更需要多渠道的协同管理,以匹配消费者跨渠道无缝购物的新需求(Lee et al.,2010;Verhoef et al.,2015)。例如,格力电器整合线上和线下渠道,通过线下引流、线上销售、线下配送等合作方式，2020 年 6 月 1 日实现直播当日销售 65 亿元的业绩（盎司财经，2020）。跨渠道整合是企业为实现多渠道协同而采取的一种重要手段，强调渠道间的相互协作和信息共享等（Berman et al.，2004），对改善企业绩效和消费者满意度具有积极作用（Cao et al.，2015；周飞 等，2017）。

然而，在对制造企业渠道管理人员进行访谈过程中，本研究发现在制造企业实践中多渠道营销的情境是复杂的，跨渠道整合实施的同时，往往其他多渠道管理措施也在使用，或者可能发生相应变化。例如，某家居产品制造企业 H，在国内市场上的营销渠道分为直营和中间商两大类，在直营渠道中又包含直营门店、装饰公司、美团和小红书的自营店铺等，中间商渠道又包含加盟商、工程渠道、电商平台等。该公司在增加渠道类型的同时，也遇到跨渠道冲突问题。受访对象举例：由于电商平台定期都会有自己平台的促销活动，每个平台的促销方法及力度均有差异，通过平台补贴，最后就会出现线上产品成交价格低于线下门店价格的情况；各加盟商定价存在差异，有时会出现客人在两地进行比较价格的情况，因同样的产品在不同地区出现价格不一致的情况而遭到客人投诉；当产品市场表现较好、增长迅速时，多个渠道会互相争抢，造成有的渠道无货可卖。面对这些情况，该企业表示采取了许多管理措施。例如，开始尝试不同平台的相同产品统一口径机制。但不同平台的促销方法产生的费用以及广告投放的费用都存在较大的差异，造成相同产品在各个平台之间存在利润的差异，因此公司将采取平台差异化商品运营，即在不同的平台上采取不同的商品策略来保证公司在不同平台上的利润。同时该企业也完善了信息系统，各个中转仓和渠道间保持信息畅通，设置提货限额等。通过对该样本案例的梳理，本研究产生诸多疑问：该企业绩效提升是否是跨渠道整合与其他相关因素共同作用的结果？在该企业多渠道营销情境中，跨渠道整合的作用似乎并不太明显，这是否说明跨渠道整合的作用可能并不重要？这显然与已有研究结论不一致。

已有研究无法回答上述问题，可能与采用的研究方法有关。现有研究侧重于采用多元回归分析方法，关注多渠道营销对企业绩效影响的“净效应”，而未考虑变量之间的相互作用和联合效应，如 Fürst 等（2016）、Cao 等（2015）、Gallino 等（2017）、赵星宇等（2021a）、Wang 等（2021）的研究。多元回归分析方法虽然有助于探索单个变量的净效应或者两个变量之间的调节、交互效应，但是难以解释多个变量之间的联合效应(杜运周 等，2017)。这使得现有文献无法反映多渠道营销对企业绩效影响的真实状况，限制了理论研究结果对企业营销实践的指导意义。

为了弥补这一缺陷，本研究从多渠道营销的复杂情境出发，关注跨渠道整合与相关因素的联合作用对企业绩效的影响。采用模糊集定性比较分析(fsQCA，fuzzy set qualitative comparative analysis)和必要条件分析(NCA)两种方法，分析跨渠道整合和企业绩效之间的复杂关系。本章拟解决的关键问题是：跨渠道整合是否是实现高企业绩效的必要条件("卡脖子"因素)？在上述因素构成的多渠道情境中，跨渠道整合通过什么路径帮助企业获取高绩效？而哪些路径使高绩效受到抑制？本研究的理论贡献有两点：第一，发现跨渠道整合与渠道多元化等相关因素的联动作用对企业绩效的影响，揭示跨渠道整合与企业绩效间的复杂关系；第二，揭示跨渠道整合在不同组态中的差异化作用，进一步补充和完善了已有研究内容。本研究也为制造企业通过跨渠道整合提升企业绩效提供理论指导，有助于制造企业正确认识和实施跨渠道整合。

4.2　理论基础与研究模型

复杂系统理论认为，系统具有复杂性，解释结果的原因是由许多因素组合而成的，而指向或触发结果的前因要素是多样的、复杂的、相互影响的，甚至是相互矛盾的(Meyer et al.，1993；Misangyi et al.，2017；Tsoukas，2017)。要解释因果复杂关系，首先要突破"二元关系"的限制来认识多因素的相互依存关系(Doty et al.，1994)，其次要采用一种适合于理解这种因素间依存关系和多因素组合关系的视角来认识因果复杂性。在已有研究中解释这种复杂因果关系，比较适宜采用组态方法来发现多因素联合作用所触发结果的不同组态(也称为构型或路径)。目前该方法已在管理和营销研究中广泛使用，近年来在营销渠道研究中也开始受到关注，如钱丽萍等(2023)。

跨渠道整合与企业渠道类型的增多和多渠道间关系的变化密切相关。企业采用多渠道营销策略后，一方面新增渠道往往会抢占原有渠道的市场份额，引发渠道之间的利益冲突等问题，另一方面伴随着渠道类型的增多，不同渠道传播的信息开始难以同步，无法满足消费者日益常态化的跨渠道购物需求（Van Bruggen et al.，2010；Webb，2002）。为此，跨渠道整合对于改善消费者购物体验和提升绩效尤为重要（Cao et al.，2015；Berger et al.，2006；Oh et al.，2012；Yan et al.，2010）。卢亭宇等（2023）发现渠道多元化正向影响跨渠道冲突，也正向影响跨渠道整合。赵星宇等（2021a）发现企业通过实施跨渠道整合可以弱化渠道多元化带来的跨渠道冲突问题。然而，董维维等（2022）却发现跨渠道冲突与跨渠道整合间存在"双刃剑"效应，即跨渠道冲突强度减弱了渠道间的流畅性从而降低了跨渠道整合，也减弱了渠道间的稳定性从而促使跨渠道整合程度提升。此外，渠道差异化也是已有研究关注的缓解跨渠道冲突的重要措施。Sa Vinhas 等（2005）发现在相同市场中使用自营渠道和中间商渠道带来的最突出问题就是跨渠道之间的资源争夺。为了防止严重的跨渠道冲突发生，企业可以减少渠道类型，或者通过产品差异化让渠道间产生区隔。Fürst 等（2017）发现通过细分市场的差异化和渠道功能差异化可以抑制跨渠道冲突，但却不利于多渠道之间展开相互协作。为了直观展现上述变量间关系，笔者绘制了图 4－1。

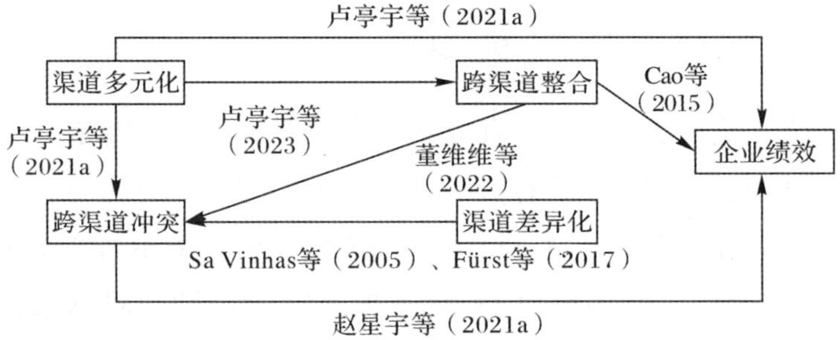

图 4－1　跨渠道整合与相关变量间关系梳理

从图 4－1 中可以更直观看出，渠道多元化、跨渠道冲突、跨渠道整合、渠道差异化之间彼此相关且相互影响，这也可以理解为在跨渠道整合的程度发生改变的同时，其他相关因素也会随着发生改变，而与此同时产生的结果则既是跨渠道整合带来的，也与其他相关因素有关。已有研究在探索跨渠道整合与企业绩效间关系时，仅关注了两者的直接关系，得出正向的或非线性的倒 U 形关系（Cao et al.，2015；崔兴文 等，2021）。尚未有研究关注多渠道结构、多渠道关系与跨渠道整合间的互动作用，忽视了跨渠道整合在多渠道结构和多渠道合作关系组成的不同多渠道营销情境中的作用差异，不利于正确认识跨渠道整合。此外，上述多渠道营销策略的研究也依然存在分歧性的研究发现。例如，渠道多元化正向影响企业绩效（赵星宇 等，2021a），或与企业绩效间关系不显著（Käuferle et al.，2015），渠道多元化和渠道间信息分享的交互效应对企业绩效的影响不显著（Hara et al.，2023），渠道间的整合正向影响企业绩效（赵星宇 等，2021a）。这表明，在复杂多渠道营销情境中仅关注跨渠道整合的独立影响是有缺陷的。基于上述分析，本研究构建包括跨渠道整合以及与其密切相关的渠道多元化、跨渠道冲突、渠道差异化在内的研究模型，检验四个相互影响的条件变量的联合作用对企业绩效的影响，如图 4－2 所示。

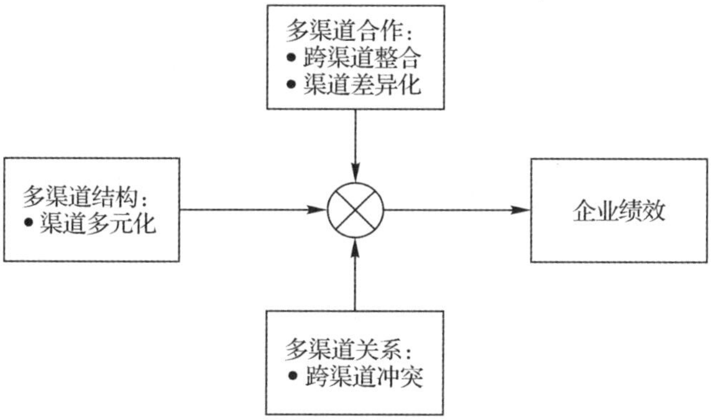

图 4－2　研究模型

4.3　研究设计

为了回答跨渠道整合、渠道多元化、跨渠道冲突和渠道差异化的联动效应对企业绩效的影响，发现它们与企业绩效间的复杂因果关系，本研究首先使用 NCA 方法检验上述前因条件变量是否存在触发高企业绩效的必要条件，即要实现高企业绩效则该条件变量必然出现。随后使用 QCA 方法检验上述条件变量能够形成哪些条件组态触发高企业绩效，发现跨渠道整合与企业绩效间的非线性关系。本研究参考组态研究相关文献的做法，收集相关研究数据，对数据进行检验和校准，采用 fsQCA 3.0 软件对数据进行分析，整理解的结果并提出研究命题。对于数据的收集，本研究参考营销渠道研究中常用的做法，通过向企业发放问卷来获取研究所需数据。由于本研究使用的数据为问卷调研获取，因此首先对数据的共同方法偏差、信度和效度进行了检验。

4.3.1 数据收集与样本特征

问卷调研法是市场营销研究中常用的一种方法，可以获取较大的样本量，问卷回收速度较快，使用问卷调研数据来进行组态研究，在已有文献中也较为常见。例如，宋华等(2017)、Jacobs 等(2020)、Jin 等(2022)等。为了保证问卷获取数据的质量，在问卷设计时对问卷中的卷首语、题项来源、语言措辞等进行了仔细斟酌。问卷卷首语说明本次调研的目的仅用于学术研究，并承诺不涉及商业用途，更不会泄漏任何问卷填写人信息，尽可能消除被调研人员的担心，保证其填写问卷时处于一种较安全和轻松的状态。问卷题项的来源有自行开发和已有成熟量表两种，其中跨渠道整合是研究一中自行开发的量表，已经完成各种检验。其余变量均为成熟量表，在本研究的情境中做了一些措辞和表达上的调整使其更符合制造企业的情境。本次研究问卷在研究一所使用问卷基础上增加了渠道多元化、渠道差异化、跨渠道整合等变量内容，被调研者以及所在企业的基本信息保持不变，主要涉及企业员工人数、企业所属行业、上年度销售收入、被调研者工作年限等信息。

数据收集主要借助西安交通大学管理学院 EMBA 班学员参与问卷调研，具体操作环节有三个阶段：①招募 EMBA 学员参与调研，并根据是否采用至少两条及以上不同类型渠道的制造企业为标准进行筛选；②符合要求的 EMBA 学员如果了解本企业的营销渠道管理工作，可以直接填写问卷，如果不了解相关工作，则委托其交由本企业营销部门负责人或营销渠道管理人员来填写问卷；③部分 EMBA 学员虽然所在企业不符合要求，但与其有业务关联的企业可能符合要求，因此我们委托这部分 EMBA 学员在与其有业务联系的企业中寻找符合要求的样本企业，并进行调研。

本次调研从 2021 年 9 开始历时 4 个月，共发放 335 份问卷，回收问卷 290 份，其中有效问卷 195 份。问卷无效的原因是填写内容不完整，或根据反向题项判断内容相互矛盾。问卷调研对象为制造企业营销部门负责人。样本企业分布在机械制造业、电子产品制造业、食品饮料制造业、汽车行业、医疗器械制造业等行业，样本企业来自陕西、广东、河南、安徽、江苏、上海、重庆等 14 个省市。样本详细信息见表 4－1。

表 4－1　有效样本的分布结构

特征	信息	频数	占比/%
企业员工人数	<20 人	18	9.2
	20～100 人	19	9.7
	101～200 人	24	12.3
	201～500 人	35	17.9
	501～1000 人	30	15.4
	>1000 人	69	35.4
工作年限	<1 年	7	3.6
	1～2 年	40	20.5
	3～5 年	62	31.8
	>5 年	86	44.1
行业	纺织服装业	8	4.1
	机械制造业	59	30.3
	医疗器械制造业	11	5.6
	电子产品制造业	25	12.8
	食品饮料制造业	21	10.8
	汽车行业	3	1.5
	其他制造业	68	34.9
销售收入	<500 万元	21	10.8
	500 万～2500 万元	33	16.9
	>2500 万～5000 万元	21	10.8
	>5000 万～1 亿元	25	12.8
	>1 亿～3 亿元	26	13.3
	>3 亿元	69	35.4

从被调查对象的工作年限来看，占比较高的是工作年限 3～5 年和 5 年以上的群体，分别为 31.8%和 44.1%。从被调查企业的销售收入来看，500

万元以下的企业占10.8%、500万元至1亿元的企业共计40.5%，1亿元以上销售收入的企业占48.7%。这表明本研究中的制造企业接近半数是销售收入过亿元的规模型企业，具备较完善的组织架构和管理规范。此外，相关管理人员在企业具备一定的工作时间，了解企业状况，有能力回答问卷中的问题，保证数据的可靠性。从被调查企业的行业类型来看，共有七种以上类型，涉及纺织服装业、机械制造业、电子产品制造业、食品饮料制造业等行业。这说明调研覆盖范围广，能够反映制造企业的多渠道营销现状。

对共同方法偏差情况进行了检验，采用了两种方法。第一种检验方法参考庄贵军等(2019)的做法，使用了Harman(哈曼)单因素检验法检验首个因子的方差解释率为19%，低于50%，说明共同方法偏差的影响不是很大。第二种检验方法参考Lindell等(2001)的做法，由于变量"产品市场饱和程度"未被纳入研究二的模型，并且未发现与跨渠道整合、渠道多元化等模型中的变量相关，因此将其与模型中的所有变量进行皮尔逊相关分析。研究发现研究模型中的各变量之间的相关系数没有明显变化，其中最低的相关系数绝对值为0.007(见表4-2)，进一步说明共同方法偏差问题不会对分析结果造成严重的影响。综合来看，本研究采用的两种共同方法偏差检验方法都表明，共同方法偏差的影响较小，因此可以认为本研究所得到的结论具有较高的可靠性和有效性。

表4-2 相关系数和调整后的相关系数

变量	企业绩效	渠道多元化	渠道差异化	跨渠道整合	跨渠道冲突
企业绩效		−0.015	0.032	0.212**	0.027
渠道多元化	−0.017		0.211*	0.150	0.062
渠道差异化	0.036	0.210**		0.230**	0.010
跨渠道整合	0.213**	0.14	0.231**		−0.126
跨渠道冲突	0.028	0.063	0.011	−0.127	
产品市场饱和度(标记变量)	0.018	0.032	0.007	−0.115	−0.069

注：对角线以上数字为控制产品市场饱和度(标记变量)后的相关系数。

*** 表示 $p<0.001$(双尾)，** 表示 $p<0.01$(双尾)，* 表示 $p<0.05$(双尾)。全书下同。

4.3.2 变量测量和信效度检验

除跨渠道整合是本研究自行开发量表之外，其余变量均采用已有成熟量表进行测量。渠道多元化与现有多数研究保持一致，采用渠道类型计数方式进行统计。其余变量均采用利克特 7 分制量表进行测量（1＝非常不同意，7＝非常同意，2～6 表示介于中间状态）。

（1）结果变量：企业绩效是企业达成经营目标的程度，通常视为一种竞争性绩效（Poppo et al.，2010；张闯 等，2020）。借鉴卢亭宇等（2023）关于企业绩效的测量指标，用三个题项测量，并计算企业绩效的均值得到企业绩效的得分。具体测量内容见表 4－3。

表 4－3　企业绩效的测量量表

变量	编号	测量题项
企业绩效	PERF1	我公司的投资回报率高于主要竞争对手
	PERF2	我公司的销售增长率高于主要竞争对手
	PERF3	我公司的市场份额高于主要竞争对手

（2）条件变量：跨渠道整合采用第 3 章开发的量表，包含跨渠道一致性、共享性和协作性三个维度，具体测量内容如前文所示。对构成型量表的测量题项进行打包处理，得到打包后的跨渠道整合的三个维度，最后对三个维度计算均值得到跨渠道整合的得分。具体打包方法见第 3 章量表开发部分。

渠道差异化是指企业采用的多条不同渠道间的差异程度，主要通过渠道针对不同目标市场和具有不同渠道功能来衡量。借鉴 Fürst 等（2016）使用的测量指标，具体测量内容如表 4－4 所示。

表 4－4　渠道差异化的测量量表

变量	编号	测量题项
渠道差异化	CHD1	我公司各条渠道针对不同的用户销售或宣传产品
	CHD2	我公司各条渠道服务于不同的用户群体
	CHD3	我公司各条渠道有不同的分工
	CHD4	我公司各条渠道有不同的目标市场
	CHD5	我公司各条渠道执行不同的客户开发任务

跨渠道冲突主要反映不同渠道在利益上的矛盾和不一致情况，借鉴 Fürst 等(2016)使用的测量指标，使用三个题项测量，如表 4－5 所示。

表 4－5　跨渠道冲突的测量量表

变量	编号	测量题项
跨渠道冲突	CCF1	在一些重要的问题上，我公司的多条渠道之间常常有利益不一致的情况
	CCF2	我公司的多条渠道之间常常有利益上的冲突
	CCF3	我公司的多条渠道之间在利益上很难协调

渠道多元化是指企业采用的营销渠道类型的广泛程度。借鉴 Fürst 等(2016)使用的计算方法，渠道多元化等于企业所采用的所有不同渠道类型的总和。本研究将渠道类型分为自营渠道和中间商渠道两类，每一类中又分别包含销售分公司、销售代表、自营网络渠道、自营门店等以及代理商、加盟商、线下零售企业等不同类型。问卷采用多选和开放式回答相结合方式让受访者进行选择和补充填写，最后汇总计算出企业所采用的不同渠道类型的数量。具体内容如表 4－6 所示。

表 4－6　渠道多元化的测量内容

变量	题项
渠道多元化	直接渠道：1. 销售机构（例如，销售分公司、区域办事处等）；2. 销售代表；3. 自营的网络销售渠道（例如，公司官网、自营网店、公司独立运营的公众号、企业微博、企业短视频平台账号等）；4. 实体直营店；5. 其他（请说明）
	中间商渠道：1. 代理商或批发商；2. 加盟商；3. 大商场从公司直接进货；4. 实体零售企业；5. 电商平台；6. 个体网络零售企业；7. 其他（请说明）

本研究使用 SPSS 25.0 软件对所涉及的变量进行描述性统计分析，得到各变量的均值和标准差，并计算变量之间皮尔逊相关系数，以了解样本数据的情况。表 4－7 展示了描述性统计分析的结果。各条件变量之间的相关系数均小于 0.3，说明本研究各变量之间不存在高度相关关系。

表 4－7　描述性统计和相关矩阵

变量	均值	标准差	企业绩效	渠道多元化	渠道差异化	跨渠道整合	跨渠道冲突
企业绩效	5.09	1.22	1				
渠道多元化	4.69	0.94	－0.017	1			
渠道差异化	4.98	1.31	0.036	0.210**	1		
跨渠道整合	5	2.34	0.213**	0.14	0.231**	1	
跨渠道冲突	3.68	1.39	0.028	0.063	0.011	－0.127	1

本研究使用克龙巴赫 α 系数和组合信度对涉及的变量的信度进行了评估，以反映测量工具对被测对象进行测度所得结果的可靠性和稳定性。克龙巴赫 α 系数通常用于衡量量表的内部一致性，取值在 0 到 1 之间，一般而言，α 值大于 0.7 说明量表的信度达到可接受水平。此外，为了弥补克龙巴赫 α 系数可能低估量表真实信度的问题，本研究还计算了组合信度。表 4－8给出了本研究涉及变量的克龙巴赫 α 系数和组合信度。因为渠道多元化为计算企业使用不同类型渠道数量的方式进行测量，不存在信度问题。跨渠道整合为二阶构成性量表进行测量，如前文第 3 章所述不适合进行信度检验。除此之外，所有变量的克龙巴赫 α 值均大于 0.8，各变量的组合信度介于 0.88 到 0.93 之间，均满足不低于 0.7 的临界值标准。因此，本研究所有变量的测量量表信度较高，具有较好的内部一致性。

表 4－8　信度检验结果

变量	克龙巴赫 α 系数	组合信度
企业绩效	0.81	0.88
渠道多元化	—	—
渠道差异化	0.87	0.90
跨渠道整合	—	0.93
跨渠道冲突	0.83	0.92

本研究从内容效度和结构效度两个方面对量表的效度进行评估，内容效度一般采用主观判断的方式进行检验，对于结构效度，本研究通过验证性因子分析(CFA)方法对聚敛效度和区别效度进行检验。本研究使用的涉及变量的测量量表主要来自学者们使用过的成熟量表，而跨渠道整合的测量

量表则是按照量表开发范式严格开发而成的(具体内容见第 3 章)。此外,本研究还通过与营销学教授、博士研究生及企业管理人员进行访谈,以及通过预调研收集被调查者针对量表设计提出的意见来对量表进行适当的调整和修正,以确保采用的测量量表的内容效度良好。因此,本研究所使用的测量量表具有较高的内容效度,可以准确地反映所涉及变量的测量指标。

本研究使用 AMOS 20.0 软件进行验证性因子分析。结果显示,模型拟合优度符合要求[$\chi^2/df=1.56$, RMSEA $=0.061$, GFI $=0.901$, NFI $=0.864$, RFI(相对适配指数)$=0.812$],测量模型具有较好的拟合效果。本研究针对相关变量的测量量表进行了聚敛效度的检验,主要包括检验各题项的因子载荷和计算平均提取方差值(AVE)两个方面。对于因子载荷,一般认为载荷值大于 0.5 且显著表明该题项与其所属的因子具有较好的相关性;对于 AVE,一般认为 AVE 大于 0.5 则说明测量量表的聚敛效度较高。表4-9给出了本研究涉及变量的因子载荷和 AVE。结果显示,所有题项的因子载荷均大于 0.5 且显著,各变量的 AVE 介于 0.574 到 0.785 之间,均大于 0.5,说明本研究所采用的测量量表具有较高的聚敛效度。

表 4-9 聚敛效度检验结果

变量	题项	标准载荷	AVE
渠道多元化	CD1	—	—
企业绩效	PERF1	0.81	0.71
	PERF2	0.88	
	PERF3	0.84	
渠道差异化	CHD1	0.78	0.65
	CHD2	0.79	
	CHD3	0.85	
	CHD4	0.79	
	CHD5	0.82	
跨渠道整合	PARCEL1:[CHC1+(CHS1+CHS3)/2+(CHL1+CHL4)/2]/3	0.88	0.83
	PARCEL2:[(CHC2+CHC3)/2+CHS3+(CHL1+CHL3+CHL4+CHL5)/4]/3	0.95	
	PARCEL3:[CHC3+(CHL1+CHL3)/2+(CHS1+CHS3)/2]/3	0.90	
跨渠道冲突	CCF1	0.81	0.81
	CCF2	0.88	
	CCF3	0.90	

本研究对所涉及变量的判别效度也进行了检验。本研究计算了各个变量的 AVE 的平方根,并标注在相关系数表格的对角线上,然后对比对角线上和对角线下方的数值,如表 4-10 所示。观察表 4-10 可以发现,本研究涉及变量的 AVE 的平方根均大于该变量与其他变量之间的相关系数。若 AVE 的平方根大于相关系数的绝对值,则说明测量量表的判别效度较好。可以看出,本研究所采用的测量量表符合上述判断标准,判别效度良好。综合来看,本研究所使用的测量量表能够准确地反映所涉及变量的测量指标,并具有较高的可信度和有效性。

表 4-10　判别效度检验结果

变量	企业绩效	渠道多元化	渠道差异化	跨渠道整合	跨渠道冲突
企业绩效	**0.71**				
渠道多元化	−0.017	—			
渠道差异化	0.036	0.210**	**0.65**		
跨渠道整合	0.213**	0.14	0.231**	**0.83**	
跨渠道冲突	0.028	0.063	0.011	−0.127	**0.81**

注:对角线上的黑体数字为相应变量 AVE 的平方根。

4.3.3　研究方法选择

定性比较分析方法(简称 QCA 方法)基于整体视角,以集合理论和布尔运算逻辑为基础,探索前因条件和结果变量之间的充分性与必要性关系,揭示变量之间的复杂因果关系(杜运周 等,2017)。简单来理解就是,QCA 方法通过发现哪些前因条件的组合能够解释结果变量,从而探明在前因条件和结果变量之间存在的复杂因果关系(Ragin,2008;Fiss,2011)。区别于多元回归、因子分析、结构方程模型等方法,QCA 方法对因果关系的分析具有几个特点:①发现非对称性因果关系,即特定前因条件可能出现在触发特定结果发生的子集中,也可能出现在触发特定结果不发生的子集中。②发现因果关系的等效性,即不同前因条件的组合能够产生相同的结果。也就是说,QCA 方法强调"因果关系的复杂性",即因果关系是非线性、非对称性、多因素并发的(杜运周 等,2021)。目前该方法在社会学、政治学、管理学、心理学和医学等领域已广受关注,在多渠道营销研究中也开始出现,如

Johansson 等(2017)检验了企业竞争战略和多渠道结构选择的组态关系。模糊集定性比较分析方法(简称 fsQCA 方法)因在研究中能够处理连续变量,已成为使用 QCA 方法时的主流选择,这种方法能够为连续值的数据保留更多细节(Pappas et al.,2021)。

必要条件分析方法(简称 NCA 方法)是一种研究方法,也是一种数据分析方法,其基础逻辑是:对于结果的发生,条件可能是必要的,但不是充分的(杜尔,2022)。对于必要条件的研究,有助于识别出触发结果发生的不可缺少的"卡脖子"因素。识别出必要条件能够帮助实践人员在复杂的环境中,聚焦于必须存在的关键因素进行重点管理和控制(杜运周 等,2020)。然而,NCA 方法聚焦于单一因素,这个因素的缺乏几乎可以完美地预测结果的缺乏:必要前因。NCA 方法不能也不适合预测结果的存在,只是相对简单地描述当条件缺失时结果也缺失。QCA 方法侧重于充分性因素分析,与 NCA 方法结合则能更好地回答前因条件与结果间的集合关系。虽然 QCA 方法也可以进行必要条件分析,但得出的结论相对简单。NCA 方法在关注点、方法设计和衡量标准等方面与 QCA 方法中的必要条件分析有诸多差异(Dul,2015)。NCA 方法分析结果不仅包括对是否是必要条件的判断,还能进一步得知在多大程度上可能成为必要条件。

本章试图解决的问题是,在多渠道营销情境中综合考虑跨渠道整合、渠道多元化、跨渠道冲突和渠道差异化的相互影响和联合作用,发现跨渠道整合与企业绩效间的复杂因果关系,正确认识在不同路径中跨渠道整合的作用。这种探究多种路径触发相同结果的问题,非常适合采用 QCA 方法来解决,加上本章使用的是连续性数据,因此适合选用 fsQCA 方法进行分析。此外,本章需要先识别前因条件中是否存在提升企业绩效不可或缺的"卡脖子"因素,这不仅能正确认识单个因素的作用,也能进一步说明多因素联合作用的意义。

4.3.4 数据校准

在 fsQCA 方法中,本章涉及的条件变量(跨渠道整合、渠道多元化、跨渠道冲突和渠道差异化)和结果变量(企业绩效)被视为一个集合。对这个集合中的每一个条件变量赋予集合隶属分数的过程就是数据校准

(Schneider et al.,2012)。数据校准的过程通常是采用直接校准的方式,设置三个阈值作为完全隶属、交叉点和完全不隶属的参考点,通过计算将样本中的数据转换为0～1之间的数值,也即模糊集隶属分数(Ragin,2008)。数据校准是为了后续构建真值表做准备,在完成数据校准和真值表构建以后,才能够进入充分条件分析。

关于校准过程中三个阈值的设置,观察已有文献发现有两种常用方法。第一种是针对量表获取的连续数据,采用样本中的第 5 个百分数、第 50 个百分数和第 95 个百分位数来作为校准阈值,可以理解为覆盖原始数据值 5%,被确定为完全不隶属(模糊评分=0.05),覆盖原始数据值 50%,被确定为完全隶属和完全不隶属的交叉点(模糊评分=0.50),覆盖原始数据值 95%,被确定为完全隶属(模糊评分=0.95)(Fiss,2011;Jin et al.,2022;Fan et al.,2017)。第二种是根据量表的最小值、中间值和最大值作为阈值(Ding et al.,2022)。本研究采用第一种方法进行校准和条件组态分析,然后利用第二种方法对校准后数据进行稳健性检验。数据校准内容如表 4-11所示。

表 4-11　赋值标准总结

条件	描述性分析				数据校准		
	均值	标准差	最小值	最大值	不完全隶属	交叉点	完全隶属
企业绩效	5.09	1.22	1	7	2	4.70	6.40
跨渠道整合	4.69	0.94	2	7	2.94	4.70	6.12
渠道差异化	4.98	1.31	1	7	2.20	5	7
渠道多元化	5	2.34	2	13	2	5	10
跨渠道冲突	3.68	1.39	1	7	1.33	3.67	6

4.4　数据分析结果

4.4.1　必要性条件分析

在进行必要条件分析时,可以使用原始数据,也就是没有进行模糊集转换的原始调研数据。本研究使用 Stata 15.1 软件进行必要条件分析时,有两种处理技术，一种是上限包络分析(ceiling envelopment，CE)，另一种是上限回归(ceiling regression，CR)。其中，CE可以处理二分法变量或不到5个分类级别的离散变量，CR可以处理连续变量和5级或更多水平的离散变量(杜运周 等，2022)。通过CE-FDH或CR-FDH技术得到上限包络线，计算得到相关的精确度、上限区域、范围、效应值等参数值(Dul et al.，2020)。对条件变量是否构成必要条件有两个判断指标，即效应量显著且不小于0.1(Dul et al.，2020；杜运周 等，2020)。鉴于条件变量均为连续变量和5级以上水平的离散变量，因此本研究采用CR-FDH方法所得结果进行分析，分析结果如表4-12所示。可以看出，渠道多元化、跨渠道整合、渠道差异化和跨渠道冲突的效应量都小于0.1，其中跨渠道整合最接近于0.1，但观察p值发现检验结果都不显著。这说明渠道多元化、跨渠道整合、渠道差异化和跨渠道冲突这四个条件并不构成触发高水平制造企业绩效的必要条件。

表4-12　条件变量的必要条件分析结果(N=195)

条件变量	方法	精确度	上限区域	范围	效应量	p值
渠道多元化	CR	100%	0.667	66	0.010	0.172
跨渠道整合	CR	100%	2.470	29	0.083	0.178
渠道差异化	CR	100%	2.823	36	0.078	0.330
跨渠道冲突	CR	100%	0.000	36	0.000	1.000

单要素必要性分析结果只是对个体要素在提升企业绩效方面的必要性予以判断，虽然未发现必要条件，而多个因素的组合效果并不清晰。瓶颈水平(%)指满足结果出现的前因条件的达到水平，一般汇报百分比，也是前文中所说的效应量，它代表产生特定结果所需要必要条件的最低标准(Dul et al.，2020)。条件变量瓶颈水平分析汇总而成的瓶颈水平分析表能够清楚地呈现多个必要条件同时存在的各种组合情况，帮助进一步发现多个条件的组合能够达到多大程度上的必要性(Dul，2015；李辉，2017)。表4-13呈现了要使得不同可能性水平的高企业绩效结果出现，每个条件变量需要满足的标准。例如，要达到20%的可能性出现高企业绩效，需要1.2%水平的渠道差异化出现，而其余三个前因条件都不存在瓶颈水平。要达到80%的可能

性出现高企业绩效，需要 0.9%水平的渠道多元化、18.2%水平的跨渠道整合、14.0%水平的渠道差异化的组合。要达到 100%的可能性出现高企业绩效，则需要渠道多元化出现的可能性为 9.1%、跨渠道整合出现的可能性为 26.8%、渠道差异化出现的可能性为 18.3%所形成的组合。在多个可能性组合中，可以明显看出跨渠道整合的瓶颈水平是最高的，其次是渠道差异化。这可以理解为，相对于其他三个变量而言，跨渠道整合对于高企业绩效的必要性水平相对较高，但依然并不是制约企业获利的“卡脖子”因素。可以认为，单纯依靠这四个条件变量中的任何一个都很难触发高企业绩效，要进一步识别跨渠道整合的作用，则需要进一步分析与其他条件的联动作用。

表 4-13 瓶颈水平分析结果(N=195) 单位：%

可能性	渠道多元化	跨渠道整合	渠道差异化	跨渠道冲突
0	NN	NN	NN	NN
10	NN	NN	NN	NN
20	NN	NN	1.2	NN
30	NN	NN	3.3	NN
40	NN	0.9	5.5	NN
50	NN	5.2	7.6	NN
60	NN	9.5	9.8	NN
70	NN	13.9	11.9	NN
80	0.9	18.2	14.0	NN
90	5.0	22.5	16.2	NN
100	9.1	26.8	18.3	NN

注：①本结果采用 CR 方法；②NN 表示不必要。

此后，本研究又通过 fsQCA 3.0 软件对渠道多元化等四个条件变量的必要性进行验证性检验，结果如表 4-14 所示。检验结果发现四个条件变量必要性分析的一致性指标均低于 0.9，不满足必要条件的判断标准。这说明渠道多元化、渠道差异化、跨渠道冲突和跨渠道整合四个前因条件中的任何一个条件都不能构成企业绩效或非企业绩效的必要条件，需要进一步对条件组态进行充分性分析。

表 4-14 单项条件的必要性分析

前因条件	一致性		覆盖率	
	企业绩效	～企业绩效	企业绩效	～企业绩效
跨渠道整合(CCI)	0.731	0.644	0.733	0.624
～CCI	0.625	0.724	0.646	0.721
渠道差异化(CHD)	0.720	0.691	0.704	0.656
～CDF	0.641	0.691	0.668	0.698
渠道多元化(CD)	0.622	0.694	0.629	0.681
～CD	0.712	0.665	0.717	0.648
跨渠道冲突(CCF)	0.671	0.673	0.671	0.652
～CCF	0.654	0.672	0.664	0.662

注:"～"指逻辑非。

4.4.2 充分性条件分析

真值表可呈现企业绩效和非企业绩效的所有条件变量的组态,可观察到样本案例中不同条件的配置,以及每种组态包含的样本案例数量。通过观察真值表,可以发现每个可能的因果条件组合,以及每种组合所包含的个案数量。真值表是在设置完成样本案例出现频数和一致性指标后形成的,通过真值表可以对条件组合触发的结果进行判断,符合条件的结果发生标记为 1,非结果发生标记为 0。频数指的是每个可能的条件组合出现的次数,未被观察到的结果意味着频数为 0。随着前因条件个数的增加,可能的条件组合数呈指数级增长(2^k)。设置频数的门槛值可以有效降低条件组合数,排除未被观察到的组合或代表性较小的组合。根据 Pappas 等(2021)的研究,样本数小于 50 被视为小样本,此时频数阈值可以设置为 1,而对于样本数大于 50 的大样本,频数阈值比较适合设置为 2 或 3。

一致性(consistency)是评价共有条件组态的案例共属同一结果的程度,也是判断条件组态能否构成结果产生的常用标准,与回归分析中的显著性类似(李永发,2020)。目前普通接受的一致性阈值为 0.80(Fiss,2011)或 0.85(Ragin,2008)。例如,假设本章中企业绩效的组态有 10 个案例,9 个共同展现了高绩效，则一致性为 0.9。此时，可认为这些条件组态在 90%的程度上反映了高企业绩效这一结果。一致性水平可接受的门槛值，通常视为 0.75 以上。近年来，为了避免在模糊集分析中出现矛盾组态（相同组态既出现在结果存在中，也出现在结果不存在中），学者们提出考虑 PRI（不一致性的比例减少）一致性阈值的重要性（Greckhamer et al.，2013）。PRI 一致性值很高且接近原始一致性分数，则认为子集关系的一致程度很高；PRI 一致性值低于 0.5 则认为组态结果不理想。在具体研究中频数和阈值的设置还应根据样本情况来进行调整（Schneider et al.，2012），本研究综合三个应用实践中的具体情境确定频数和阈值标准：第一，结果为 0 和 1 的样本大致平衡（Rihoux et al. 2009）；第二，频数阈值的设定应当至少包括 75%的观察案例（杜运周 等，2017）；第三，避免可能存在的同时子集关系，即某一真值表行同时为完全高绩效和部分高绩效的充分性构型（张明 等，2019）。本研究根据以上分析，确定频数阈值为 3，一致性阈值为 0.80，PRI 水平不低于 0.6，并将其结果赋值为 1，其余赋值为 0。

要理解 QCA 方法的分析结果，首先要明白由于社会现象的有限多样性，观察到的案例（样本数据）形成的组态不可能完全覆盖理论上解的数量。比如，前因条件的个数为 k，理论上结果的组态应该有 2^k，而实际上观察到的结果可能低于 2^k。为了分析结果中具有代表性的和典型性的案例，如上文所述，需要设置频数阈值，实际案例中未满足标准的组态被视为逻辑余项（logical remainder），逻辑余项是理论上存在但未达到特定频数阈值的组态。例如，设置频数阈值为 2，原始一致率为 0.8，则实际案例中频数阈值＜2 的组态视为逻辑余项。因此，实际案例中能够用于分析的数据会存在远低于理论结果的情况。为了克服实际案例不足的限制，QCA 方法采用反事实假设分析，即基于逻辑推演的思路，即使样本案例中没有出现，但逻辑上成立的情况也纳入分析范围。因此 QCA 方法对于样本量的要求较为宽松，适合小样本的情况（里豪克斯 等，2017；李永发，2020）。反事实假设分析背后的操作思路有容易的反事实分析和困难的反事实分析两种类型。两者的区别是，容易的反事实分析是将一个多余的前因条件添加到已经能够引致所讨论结果出现的一组前因条件中，而困难的反事实分析是从可引致结果出现的一组前因条件中移除一个被假设为多余的条件

(Fiss,2011;李永发,2020)。

fsQCA 3.0 软件对充分性分析会产生三种不同的解:复杂解、中间解和简约解。复杂解是基于没有进行反事实分析而产生的结果,简单解是基于容易的反事实分析和困难的反事实分析而得出的解,中间解是基于容易的反事实分析而得出的解,且中间解里包含了简单解。复杂解没有进行反事实分析,是可观察案例的所有可能的组合,这也意味着复杂解忽略了未被观察到案例的可能的条件组合,对探究研究结果不利。简单解虽然做了两种不同情况的反事实假设,但也正因此导致结果的不可靠性可能较大,不可避免出现违背事实的结果。中间解则可以改进复杂解和简单解的不足,基于不违背事实且尽可能考虑到逻辑上成立但样本中未观察到的情况,因此被普遍接受并选择汇报。在汇报解的结果时,呈现三类前因条件,分别为核心条件、辅助条件(也称为外围条件或次要条件)和无关紧要条件。在简单解和复杂解中相同或相似组态结果里共同包含的变量称为“核心条件”(在汇报结果时用大实心圆圈●表示);如果在相似结果中变量仅出现在中间解而没有出现在简单解中,则该条件变量称为辅助条件(在汇报结果时用小实心圆圈 • 表示);在某一个组态结果中没有出现的变量则代表该变量可出现也可以不出现,也即无关紧要(在汇报结果时用空白表示)。如果该条件变量以逻辑非(~)的形式出现,代表该条件变量不出现会对结果产生影响,也分为核心条件不出现(大交叉圆圈⊗)和辅助条件不出现(小交叉圆圈⊗)两种情形,判断标准与条件变量出现一致。

(1)高企业绩效的前因条件组态分析结果。已有研究表明,跨渠道整合、渠道多元化和跨渠道冲突对企业绩效具有直接影响,但研究结论或正向或非线性,尚存在分歧。而渠道差异化与企业绩效间是否存在直接影响尚未可知,因此在运行 fsQCA 3.0 软件的过程中面对四个条件的何种状态会触发高企业绩效或非高企业绩效,选择了“present or absent”(即“存在或不存在”)。软件运行结果显示了复杂解、中间解和简单解的构成,笔者在对比中间解和简单解后识别出核心条件和辅助条件。本研究主要汇报中间解的结果,如表 4 - 15 所示。结果显示,触发高企业绩效有四个组态。解的总体一致性为 0.78,这意味着在满足四个组态的样本案例中,有 78%的样本呈现出高绩效水平,可以简单理解为 78%的程度上相信符合四个组态的条件组合能够实现高企业绩效。解的总体覆盖率为 0.68，这意味着 68%的高绩效样本在四个组态结果中。QCA 方法对于覆盖率没有明确具体的判断标准，仅反映符合条件的样本比例。即使覆盖率比较小，也不能表明给定结果不能实现。

表 4－15　高企业绩效前因组态结果

前因条件	高企业绩效组态			
	C1	C2	C3	C4
跨渠道整合		•	●	●
渠道差异化	●			●
渠道多元化	•	●		
跨渠道冲突	⊗		•	
一致性	0.85	0.83	0.82	0.79
覆盖率	0.41	0.54	0.53	0.60
净覆盖率	0.04	0.02	0.09	0.06
总体一致性	0.78			
总体覆盖率	0.68			

每一个组态结果中也包含了一致性、覆盖率和净覆盖率结果。组态 C1 的一致性为 0.85，这意味着包含渠道多元化、渠道差异化和非高跨渠道冲突三个特定条件且能够触发高企业绩效的组态占 85%，可以简单理解为符合组态 C1 构成条件的组合在 85%的可能性上能够触发高企业绩效。组态 C1 的覆盖率为 0.41，这意味着有 41%的高企业绩效样本满足该条件组态。净覆盖率是指特定结果且仅仅包含该路径不包含其他路径的样本案例数量与特定结果出现的样本案例数量之比(李永发，2020)。组态 C1 的净覆盖率为 0.04，这意味着仅仅包含高渠道多元化、高渠道差异化和非高跨渠道冲突，不包含跨渠道整合，且满足高企业绩效的案例数在所有高企业绩效的案例中占 4%。组态 C2 的一致性为 0.83，这意味着包含渠道多元化和跨渠道整合两个特定条件且能够触发高企业绩效的组态占 83%，可以简单理解为

符合组态C2构成条件的组合在83%的可能性上能够触发高企业绩效。组态C2的覆盖率为0.54,这意味着有54%的高企业绩效样本满足该条件组态。组态C3的一致性为0.82,这意味着包含跨渠道整合和跨渠道冲突两个特定条件且能够触发高企业绩效的组态占82%,可以简单理解为符合组态C3构成条件的组合在82%的可能性上能够触发高企业绩效。组态C3的覆盖率为0.53,这意味着有53%的高企业绩效样本满足该条件组态。组态C4的一致性为0.79,这意味着包含渠道差异化和跨渠道整合两个特定条件且能够触发高企业绩效的组态占79%,可以简单理解为符合组态C4构成条件的组合在79%的可能性上能够触发高企业绩效。组态C4的覆盖率为0.60,这意味着有60%的高企业绩效样本满足该条件组态。

(2)非高企业绩效的前因条件组态分析结果。与高企业绩效的操作标准保持一致,对非高企业绩效在分析中设置频数阈值为3,一致性阈值为0.8,PRI一致性标准不低于0.6。非高企业绩效的组态结果如表4-16所示,有三种组态类型。组态A1的一致性为0.85,这意味着包含非跨渠道整合、跨渠道多元化和跨渠道冲突三个特定条件且能够触发非高企业绩效出现的组态占85%,可以简单理解为符合组态A1构成条件的组合在85%的可能性上能够触发非高企业绩效。组态A1的覆盖率为0.41,这意味着有41%的非高企业绩效样本满足该条件组态。组态A2的一致性为0.83,这意味着包含非跨渠道整合、跨渠道差异化和跨渠道冲突三个特定条件且能够触发非高企业绩效的组态占83%,可以简单理解为符合组态A2构成条件的组合在83%的可能性上能够触发非高企业绩效。组态A2的覆盖率为0.54,这意味着有54%的非高企业绩效样本满足该条件组态。组态A3的一致性为0.82,这意味着包含跨渠道整合、非渠道差异化、非渠道多元化和非高跨渠道冲突四个特定条件且能够触发非高企业绩效的组态占82%,可以简单理解为符合组态A3构成条件的组合在82%的可能性上能够触发非高企业绩效。组态A3的覆盖率为0.53,这意味着有53%的非高企业绩效样本满足该条件组态。

表 4 - 16　非高企业绩效前因组态结果

前因条件	非高企业绩效组态		
	A1	A2	A3
跨渠道整合	⊗	⊗	●
渠道差异化		•	⊗
渠道多元化	●		⊗
跨渠道冲突	•	●	⊗
一致性	0.85	0.83	0.82
覆盖率	0.41	0.54	0.53
净覆盖率	0.04	0.02	0.09
总体一致性		0.78	
总体覆盖率		0.67	

4.4.3　稳健性检验

为验证研究结果的稳健性，本研究运用调整高企业绩效构型的一致性水平（一致性水平从 0.80 调整至 0.89）以及改变校准规则（使用最大值、均值和最小值来赋值企业绩效）这两种方法进行检验。借助调整后构型关系状态和不同组态的拟合参数差异进行评判，符合稳健性检验的要求（Schneider et al.，2012）。

首先，调高一致性水平后，研究发现组态结果并无变化。其次，使用改变校准规则后的数据进行稳健性检验。频数阈值设置为 3，一致性阈值为 0.80，与上文保持一致。稳健性检验得到三个组态，笔者通过对中间解和简单解的对比，确定核心条件和辅助条件，结果如表 4 - 17 所示。解的总体一致性为 0.83，这意味着在满足三类组态条件的样本中，有 83%的样本呈现高绩效水平。解的总体覆盖率为 0.76，这意味着 76%的高绩效样本在三个组态中。

对比表 4 - 15 和 4 - 17 发现，在稳健性检验中中间解的数量发生了变化，即高企业绩效组态的结果在数量上减少了一个，即跨渠道整合和渠道差异化同时出现的组态 C4，在稳健性检验中没有出现。其余三个组态虽然数量上吻合，但内容上是否一致或存在包含关系，仍需要进一步分析。

表 4－17 高企业绩效前因组态结果(稳健性检验)

前因条件	高企业绩效组态		
	H1	H2	H3
跨渠道整合	⊗	●	●
渠道差异化	●		
渠道多元化			●
跨渠道冲突	⊗	●	
一致性	0.90	0.86	0.87
覆盖率	0.47	0.61	0.55
净覆盖率	0.06	0.08	0.05
总体一致性		0.83	
总体覆盖率		0.76	

表 4－15 中组态 C2 和 C3 与表 4－17 中组态 H2 和 H3 的结果完全一致。表 4－17 中组态 H1 的结果显示，非高跨渠道冲突、非跨渠道整合和渠道差异化均为核心条件，与表 4－15 中 C1 的结果有细微差异。在表 4－15 C1 中，跨渠道整合没有出现，这意味着跨渠道整合可以作为条件出现，也可以作为条件不出现，可以理解为包含了表 4－17 中组态 H1 的结果。在表 4－17 H1 中，渠道多元化缺失，意味着该类组态中渠道多元化可以出现，也可以不出现，包含了表 4－15 中渠道多元化作为辅助条件出现的情况。因此，这两个结果并没有本质上的差异。而表 4－15 中组态 C4 的结果在表 4－17中没有出现类似结果，尽管在案例中存在这类情形，但出于谨慎考虑，本章不对结合该结果的内容提出命题。

最后对非高企业绩效的结果也进行了稳健性检验，一致性阈值和频数的设置均与前文保持一致。对非高企业绩效进行稳健性检验，结果有两个组态。与表 4－16 的结果进行对比，发现没有出现与表 4－16 中组态 A3 类似的结果，为此本章在后续分析中仅保留表 4－18 中的组态 L1 和 L2 两个解。结合稳健性检验的结果，汇总高企业绩效和非高企业绩效的组态，形成表 4－18，包含了 3 个高企业绩效组态和 2 个非高企业绩效组态。

表 4-18　企业绩效组态结果

前因条件	高水平企业绩效组态			低水平企业绩效组态	
	S1	S2	S3	L1	L2
跨渠道整合		•	●	⊗	⊗
渠道差异化	●				•
渠道多元化	•	●		●	
跨渠道冲突	⊗		•	•	●
一致性	0.85	0.83	0.82	0.87	0.86
覆盖率	0.41	0.54	0.53	0.43	0.41
净覆盖率	0.04	0.02	0.09	0.07	0.06
总体一致性	0.78			0.85	
总体覆盖率	0.67			0.50	

组态 S1 可以简写为“渠道多元化 * 渠道差异化 * ～跨渠道冲突”，即渠道差异化和非高跨渠道冲突为核心条件出现，渠道多元化作为辅助条件出现，可以命名为“渠道差异化主导型”。这个组态结果中跨渠道冲突水平低，而渠道多元化程度高和渠道差异化水平高，该组态能够解释 41%的高绩效多渠道企业案例。

组态 S2 可以简写为“渠道多元化 * 跨渠道整合”，即渠道多元化作为核心条件出现，跨渠道整合作为辅助条件出现，可以命名为“渠道多元化主导型”。这表示高水平渠道多元化和高水平跨渠道整合相匹配，可以引致高水平企业绩效。该组态能够解释 54%的高绩效多渠道企业案例。

组态 S3 可以简写为“跨渠道冲突 * 跨渠道整合”，即跨渠道整合作为核心条件出现，跨渠道冲突作为辅助条件出现，可以命名为“跨渠道整合主导型”。该组态意味着在高跨渠道冲突的多渠道系统中高跨渠道整合也可以带来高水平企业绩效，解释 53%的高绩效多渠道企业案例。

组态 L1 的具体规则为“渠道多元化 * 跨渠道冲突 * ～跨渠道整合”，其中渠道多元化为核心条件，表示高水平渠道多元化、高水平跨渠道冲突和非高水平跨渠道整合可以引致低水平企业绩效。该组态能够解释 43%的低绩效企业案例。

组态 L2 的具体规则为“渠道差异化 * 跨渠道冲突 * ～跨渠道整合”，其中跨渠道冲突为核心条件，表示高水平渠道差异化、高水平渠道冲突和非高水平跨渠道整合可以引致低水平企业绩效。该组态能够解释 41%的低绩效企业案例。

4.5 研究命题

在这一部分中将首先解读 NCA 分析的结果，明确单项因素的作用，然后围绕 3 个组态结果的内涵，从“因果复杂性”角度讨论跨渠道整合、渠道多元化、渠道差异化和跨渠道冲突的联合作用，以及形成的组合类型与企业绩效间的关系。

4.5.1 单项因素分析

不少文献认为，跨渠道整合是多渠道之间发挥协同作用提升绩效的一种重要手段(卢亭宇 等，2023；Cao et al.，2015；Yoritoshi et al.，2023)，但也有不少研究表明跨渠道整合可能加剧渠道间的蚕食效应，可能不利于企业绩效提升(Gallino et al.，2017)，抑或是对企业绩效的影响是先促进后抑制(崔兴文 等，2020)。本研究也回应了这一点。观察表 4－13 和 4－14 可以看出，跨渠道整合构成提升企业绩效的必要性水平为 0.731，低于 0.9 的判断标准(Ragin，2008)，但在与渠道多元化、渠道差异化和跨渠道冲突的联动中，发挥的作用相对是最大的，为 26.8%。这也就是说，在多渠道营销情境中，高绩效的制造企业并不一定实施跨渠道整合，如果实施跨渠道整合，那么在一定的情境条件中它的作用是非常明显的。可能的原因是：第一，跨渠道整合是一种新的渠道类型间的合作方式，伴随着企业使用的渠道类型增加，以及渠道间冲突的明显而产生。这也意味着，如果使用的渠道类型没有明显增多，渠道间的冲突问题也不明显，企业并不会主动去实施跨渠道整合。第二，企业实施跨渠道整合需要协调不同渠道之间的功能和收益，既需要投入信息技术、资金支持等资源，也需要投入具备协调管理多渠道能力的营销管理人员。跨渠道整合实施后产生的效果能否弥补投入的成本尚未可知，但能够确认的是在渠道多元化和跨渠道冲突高的情境中，不实施跨渠道整合一定会带来低企业绩效。

渠道多元化是多渠道营销中的一个核心变量，影响着多渠道合作和多渠道关系，以及企业绩效。然而，已有研究结论还存在分歧。比如，渠道多元化程度越高，企业绩效越高(Du,2018;卢亭宇 等,2021)。也有研究认为，渠道多元化与企业绩效之间并不是线性关系(Käuferle et al.,2015)。观察表 4-13 和 4-14 可以看出，渠道多元化构成提升企业绩效的必要性水平为 0.622，低于 0.9 的判断标准(Ragin,2008)，但在与跨渠道整合、渠道差异化和跨渠道冲突的联动中，发挥的作用相对是最大的，为 9.1%。此外，表 4-18 表明渠道多元化可能触发高企业绩效，也可能触发低企业绩效。也就是说，渠道多元化并不是实现高企业绩效的必要条件，且与企业绩效之间存在因果非对称性关系。这是因为：第一，渠道多元化拓展了企业市场范围，更好地满足了消费者多渠道购物的需求，从而提升企业绩效；第二，研究表明企业增加新的渠道会蚕食原有渠道的收益(Avery et al.,2012;Hernant et al.,2017;Huang et al.,2015)，造成多渠道之间的矛盾冲突增加(赵星宇 等,2021a)，这可能会导致企业收益并没有出现明显的提升。观察“跨渠道整合主导型”组态和“渠道多元化主导型”组态可以发现，在这两个组态中跨渠道整合和渠道多元化对于实现高绩效发挥着重要作用，在低绩效组态中也进一步说明缺乏跨渠道整合一定会带来不良影响。综上分析，得出如下推断。

命题 1：在制造企业多渠道营销情境中，跨渠道整合、渠道多元化、跨渠道冲突和渠道差异化对于实现高绩效的解释力有限，不构成高绩效的必要条件，但在实现高绩效的组态中是不可忽视的组成条件。

4.5.2　多因素的组态分析

1. 跨渠道整合主导型

组态 S3 表示高跨渠道整合和高跨渠道冲突的情境可以触发高企业绩效。这类组态说明跨渠道冲突虽然会带来多渠道成员之间难以进行合作的负面效应，但是与高跨渠道整合同时存在时，也会有助于提升企业绩效。多渠道系统内部任何两条渠道之间只要存在关联就不可避免出现矛盾冲突问题，尤其是当不同渠道类型之间存在相互依赖且需要借助彼此的配合完成销售目标时，跨渠道冲突问题可能更为常见。跨渠道冲突的出现促使企业开始思考多渠道管理方式的改变，采用一些新的整合举措来调整多渠道之间的合作。因此，跨渠道冲突反而会推动企业提升跨渠道整合的程度（董维维 等，2022）。但企业出现跨渠道冲突并不一定会降低企业绩效，因为有些冲突可能是功能性冲突（渠道成员功能上的合作带来不协调的情况）或感知上的冲突（如网络渠道让实体店感知到威胁），这些非竞争性冲突并不一定会威胁到渠道关系，反而可能促使渠道成员产生更多的创新思想和创新行为等积极影响（Lee et al.，2003；Eshghi et al.，2021；Jones et al.，2021）。本研究调研的企业中也有类似情形。例如，某瑜伽周边产品生产企业表示：在企业自有 App 渠道中，用户主要为28～35岁女性用户；在京东渠道，男性女性比例相当；而在天猫渠道，虽然年轻女性也较多，但对瑜伽用品有消费力的群体年龄在 18～25 岁。三个渠道的年龄等差异直接决定了用户对瑜伽垫的颜色、尺寸、花色的偏好相差甚远，再加上原料最小起订量、开模成本、库存风险、平台获客成本等问题，导致早期内部自有渠道定价低，外部渠道定价高，既有跨渠道冲突频频发生给用户带来不好的体验。但企业同时也表示，在采购供应链端建立了针对不同渠道单独研发产品的规则，向渠道特供产品，这样做之后不仅能精准满足该渠道的用户需求，并达成销售，从渠道角度讲也因为有渠道专供产品而获取了更多渠道推广资源。再比如，某食品加工企业表示，公司直营门店只有 10 家，公司销售更多依靠经销商渠道。而经销商利用其 20 家超市门店的优势，拿到了比直营门店更低的价格，在销售价格上优势明显。直营门店店长和员工考核业务不达标，门店经营业务增长不明显，店长和员工流失率较高，开会讨论时争吵声不断，整个直营板块萎靡不振。

观察表 4 - 18 发现，高水平跨渠道冲突也出现在低水平企业绩效组态中，在组态 L1 中包含了高跨渠道冲突和非高水平跨渠道整合，这与已有研究发现跨渠道冲突负向影响跨渠道整合和企业绩效的结论相似。综合来看，跨渠道冲突对企业绩效的影响是非对称性的，要发挥积极作用关键在于匹配合适的多渠道策略。综上分析，得出如下推断。

命题 2：跨渠道冲突与企业绩效之间存在因果非对称性关系，可以与高水平跨渠道整合联动引致高水平企业绩效，也可能与高渠道多元化和非高跨渠道整合联动引发低水平企业绩效。

2. 渠道差异化主导型

组态S1表示在低水平跨渠道冲突的情境中，高水平渠道多元化和高水平渠道差异化的组合可以引致高企业绩效，此时跨渠道整合程度的高低对企业绩效没有影响。比如，企业用了各种线上线下渠道针对不同的目标市场进行销售(即渠道多元化程度高且渠道差异化大)，但各条渠道之间相互干扰较小，很少有冲突，此时跨渠道整合程度的高低对企业绩效也不会有明显的影响。组态S1背后的逻辑是，渠道多元化扩大了企业产品的市场覆盖面，有助于提高企业产品的销售额和市场占有率(Lee et al.，2003；Berman et al.，2004)，而渠道差异化水平高则意味着各条渠道进行了分工，在不同的渠道间建立了引发冲突的区隔或防火墙，将各条渠道之间的冲突限制在一个比较低的水平(Fürst et al.，2016)。因为跨渠道冲突少，所以跨渠道整合也不是特别重要了。

在调研企业中，也存在典型案例。前文中所述的某食品加工企业，后期逐渐有了清晰的经营脉络，首先是区分产品供应，经销商与直营门店供应不同的产品，经销商以长线产品(保质期较长)为主。其次，直营门店以打造精品产品为主，以现加工产品为主，主要提供口感好、新鲜的、价值高的产品。最后，企业又开辟了网络渠道，增加渠道类型。采取这些措施后，多渠道经营绩效明显改善，经销商与直营门店间的冲突也极大缓和。再例如，某品牌渠道管理人员在访谈中，列举了他们的多渠道管理措施。某品牌的代理商认为："品牌方天猫旗舰店是面向全国市场的，旗舰店在'双十一'等打折季动辄产生亿元级的销售，而且旗舰店上的产品款式更全，很多实体店的老顾客都去天猫上买新品，肯定影响了我的生意。"对此，该品牌方出台了相关规定，规定天猫旗舰店出现的新品比例不得超过店铺全部商品的20%，而且除特殊节日外新品一律没有任何折扣。另外，该品牌还给中间商增加了一定的退货比例，缓解中间商的库存压力，提升代理商和经销商的盈利能力。这些企业主要通过差异化形成不同渠道间的区隔，一方面避免多渠道的冲突，另一方面满足不同消费者的需求。在理论研究中，Fürst等(2016)虽然发现渠道差异化负向影响多渠道冲突和多渠道合作，但并未检验渠道差异化与企业绩效的关系。组态S1既是对Fürst等(2016)研究结果的回应，也进一步明确了渠道差异化在有效减弱跨渠道冲突时对企业绩效所产生的积极作用。综上分析，得出如下推断。

命题 3：在低水平跨渠道冲突情境中，高水平渠道多元化和高水平渠道差异化的组合可以引致高水平企业绩效。

3. 渠道多元化主导型

组态 S2 表示高渠道多元化和高跨渠道整合能够实现高绩效，而渠道差异化和跨渠道冲突的高低对产生高绩效并没有影响。渠道多元化有助于企业从外部市场中获取更多信息从而促使企业做出新的改变，此外渠道类型的增加也促使企业关注多渠道之间如何实现协同效应的问题。已有研究也发现渠道多元化正向影响跨渠道整合（卢亭宇 等，2023）。然而，渠道类型的增多，使得不同渠道传播的信息开始难以同步，这给消费者带来认知困扰从而影响购物体验（Bendoly et al.，2005）。高水平跨渠道整合意味着各条渠道间保持着高度的一致、共享和协作，这能够给消费者在跨渠道购物时带来无缝对接的购物体验（Emrich et al.，2015），也能增加市场份额和企业绩效（Oh et al.，2012；Cao et al.，2015）。高水平渠道多元化和高水平跨渠道整合联合发挥了多渠道的积极作用，此时跨渠道冲突和渠道差异化是否存在也不是特别重要了。在调研企业中，某品牌汽车生产企业采用直营和加盟两种渠道，也存在直营和加盟渠道争夺资源的冲突问题，企业主要依靠信息系统实现两条渠道的整合。该企业受访管理人员介绍具体措施时表示："公司使用统一的客户管理系统，对于所有客户都进行保护。出台相应的客户保护机制，做到客户到任意一家门店下单后业绩都计算到该客户的跟进人上，这样不至于导致客户在一家了解后，其他门店'割韭菜'的情况。打造统一化沟通平台，通过有效的沟通让客户就近选择门店，既可以提升客户满意度，降低客户花费的时间财力成本，也不会导致不同渠道的冲突。"综上分析，得出如下推断。

命题 4：高水平渠道多元化和高水平跨渠道整合的组合可以引致高水平企业绩效。

4.6　本章小结

本章基于跨渠道整合的相关文献和开放系统理论的基本逻辑，以企业绩效为结果，探讨了跨渠道整合、渠道差异化、渠道多元化和跨渠道冲突的联合作用对企业绩效的影响，重点分析了触发高企业绩效的三类组态。研究以实施多渠道营销的制造企业为调研对象，通过问卷调查收集了 195 家企业的数据，并应用 NCA 方法和 fsQCA 方法分析了前因条件与结果间的必要性关系和充分性关系，提出了四个研究命题(详见表 4 - 19)。

表 4 - 19　研究命题总结

命题名称	内容
命题 1	在制造企业多渠道营销情境中，跨渠道整合、渠道多元化、跨渠道冲突和渠道差异化对于实现高绩效的解释力有限，不构成高绩效的必要条件，但在实现高绩效的组态中是不可忽视的组成条件
命题 2	跨渠道冲突与企业绩效之间存在因果非对称性关系，可以与高水平跨渠道整合联动引致高水平企业绩效，也可能与高渠道多元化和非高跨渠道冲突联动引发低水平企业绩效
命题 3	在低水平跨渠道冲突情境中，高水平渠道多元化和高水平渠道差异化的组合可以引致高水平企业绩效
命题 4	高水平渠道多元化和高水平跨渠道整合的组合可以引致高水平企业绩效

第一，跨渠道整合、渠道差异化、渠道多元化和跨渠道冲突并不构成高水平企业绩效的必要条件，但这些条件变量的组合对于产生高企业绩效发挥着重要作用。这可以理解为，在出现高水平企业绩效的案例中，上述四个前因条件并不是必须要出现。正如现有研究也发现：渠道多元化会提升企业绩效，也带来许多多渠道管理问题；跨渠道整合能提升企业绩效，但也有条件限制等，这都说明重视复杂情境的多因素联合作用是必要的和有价值的。这也说明，跨渠道整合等多渠道营销策略需要与相关因素匹配才能提升企业绩效。为此，本章通过 fsQCA 方法进一步分析了四个前因条件与企业绩效间的充分性关系。

第二，跨渠道整合在不同的多渠道营销情境中对触发高水平企业绩效的作用是不同的。在高渠道多元化、高渠道差异化和低水平跨渠道冲突的情境中，跨渠道整合对高水平企业绩效的出现没有影响（组态 S1）。在高渠道多元化情境中，跨渠道整合对高水平企业绩效的出现具有重要的辅助作用（组态 S2）。在高跨渠道冲突情境中，跨渠道整合对高水平企业绩效的出现具有至关重要的作用（组态 S3）。这一发现既回应了跨渠道整合与企业绩效之间并非线性关系的发现，也对其发挥积极作用的情境给出了补充说明。

第三，渠道多元化、跨渠道冲突和渠道差异化与企业绩效之间存在因果非对称性关系，这些条件可能触发高企业绩效，也可能触发低企业绩效。比如，观察表 4-18 发现，低水平跨渠道冲突、高水平渠道多元化和高水平渠道差异化的组合可能引致高企业绩效（组态 S1），而高水平渠道多元化、高水平跨渠道冲突和低水平跨渠道整合则可能引致低水平企业绩效（组态 L1）。企业要实现高企业绩效仅仅依靠渠道多元化是无法完成的，需要重视与渠道差异化或跨渠道整合的配合。

第四，在多渠道营销情境中，渠道差异化要与其他相关因素匹配才能提升企业绩效，过于依赖高水平渠道差异化可能会引致低水平企业绩效。观察表 4-18 发现，高水平企业绩效组态 S2 和组态 S3，并没有出现渠道差异化。而低水平企业绩效组态中出现了渠道差异化。这说明，在多渠道情境中要提升企业绩效，仅仅保持渠道之间的差异化是不够的。因为保持渠道间在产品、价格和服务水平上的一致，可以为消费者提供更加无缝对接的跨渠道消费，提升消费者满意度，从而增加企业绩效（He et al.，2022；Cao et al.，2015）。同时，渠道间的区隔也意味着渠道成员之间很难共享资源和进行功能上的协作，差异化程度增加反而会给企业带来管理上的负担（Fürst et al.，2016）。尽管渠道差异化是目前多渠道营销研究中被广泛关注的问题，但本研究则强调要发挥渠道差异化策略的积极作用，更需要考虑渠道多元化和跨渠道冲突的水平。

此外，稳健性检验发现，组态“跨渠道整合 * 渠道差异化”未出现在稳健性检验的结果中，因此本研究没有将该组态纳入命题分析中。本研究进行如下说明：如文献回顾章节所述，企业实施跨渠道整合的目的在于满足消费者跨渠道消费和发挥多渠道的协同效应，渠道差异化则更多出于避免跨渠道冲突的考虑，都是企业管理多渠道的方式，根本目的都是提升企业绩效。从理论上来说，两种方式同时保持较高水平可以提升企业绩效。然而，也有研究发现，渠道差异化虽然能够降低跨渠道冲突，但也由于渠道间的区隔或差异而不利于多渠道成员间的合作。因此，这个组态在实践操作中相对而言出现较少。虽然在样本案例中也可以发现类似情形，但本研究暂不针对该组态建立命题，后续可以进一步扩充样本量进行检验。

第5章

跨渠道整合前因的组态研究

第4章探讨了跨渠道整合与企业绩效间的组态关系,发现通过跨渠道整合提升企业绩效具有不同的路径,明确了跨渠道整合如何发挥出重要作用。然而,制造企业实施跨渠道整合有哪些路径,尤其是多渠道结构、组织资源和环境的匹配形成怎样的路径触发高水平跨渠道整合,就成了一个值得探讨的问题。因此,本章根据已有跨渠道整合前因的研究内容,结合TOE框架从环境、组织和技术层面进一步探讨跨渠道整合多个影响因素的组态问题。

5.1 引言

2012年6月三只松鼠网店在天猫商城上线,当时仅通过自营电商渠道销售。2016年在网络红利开始消失和休闲零食市场竞争加剧的背景下,三只松鼠开始建立线下门店,主要有自营门店和加盟店。与此同时,多渠道结构调整带来的问题也开始突显。据蓝鲸财经报道,线上线下价格不统一、加盟商抵触、消费者比价、线下客户最终流失等问题频出①。2023年4月25日三只松鼠公布的2022年年报中,企业营收同比下降25.35%。2022年4月三只松鼠发布战略转型公告表示,销售渠道从电商渠道向全渠道转型(区域经销+平台分销+新渠道),高度重视多渠道之间的整合协作②。三只松

---

① 李登华.三只松鼠财报里的真相:Q2利润再负,转型困难重重[EB/OL].(2021-08-18)[2023-05-20]. https://baijiahao.baidu.com/s?id=1708412747281072478&wfr=spider&for=pc.

② 对话三只松鼠|战略转型与2022分销全域布局战略[EB/OL].(2022-04-28)[2023-05-20]. https://foodtalks.cn/news/24058.

鼠面临的多渠道协同问题并非个例，也是当下所有多渠道经营企业要攻克的难题。

跨渠道整合是企业管理多渠道的一种方式，目的在于发挥多渠道的协同效应为消费者提供无缝对接的购买体验（Cao et al.，2018；Oh et al.，2012）。跨渠道整合减少了跨渠道冲突，提高了企业的整体绩效，并改善了消费者的购买体验（卢亭宇 等，2023；Herhausen et al.，2015；Cao et al.，2015）。因此，如何实现高跨渠道整合，成为近年来业界和研究领域共同关注的热点问题。学者们关注了企业资源和外部环境对跨渠道整合的影响。如 Wu 等（2015）发现企业实施的电子商务发展策略正向影响多渠道之间的协调发展；Luo 等（2016）发现 IT 能力正向影响跨渠道整合；张广玲等（2017）发现制度压力正向影响跨渠道整合，而 IT 能力和关系治理能力起到调节作用。此外，也有学者开始注意到渠道因素对跨渠道整合的影响，比如董维维等（2022）讨论了渠道冲突强度对跨渠道整合的“双刃剑”效应。前因研究更多关注的是跨渠道整合需要哪些资源，或哪种外部环境能够助力跨渠道整合，但对多渠道结构带来的影响还未得到重视，仅有卢亭宇等（2023）发现了渠道多元化正向影响跨渠道整合。更为重要的是，资源、环境和多渠道结构如何匹配才能更好地促进跨渠道整合的实施，尚未可知。

此前在访谈中笔者也发现，制造企业的多渠道结构不但复杂而且渠道的数量和类型比较多。以访谈中采用渠道最多的某家居产品制造企业为例。该企业表示，公司多渠道营销分为国内业务和海外业务两大类。其中海外销售渠道的销售额占比接近 55%，包括 B2B 销售及 B2C 销售，B2B 业务主要与 Kmart、Tesco、Argos 等海外大型零售商合作，B2C 销售主要以亚马逊和企业直营店为主。国内业务分为渠道业务和直营业务，其中渠道业务主要为 B2B 及 B2C。国内 B2B 主要以加盟商业务、工程项目、酒店项目为主，B2C 主要以天猫、京东为主要销售平台。国内直营业务占比 13%，主要以直营门店为主。企业依托红星美凯龙、居然之家等国内大型家居连锁卖场，开设线下直营店，在国内一二线城市均布局直营门店。在上述企业实施跨渠道整合的过程中，自营渠道比重并不大，这是否意味着渠道之间实施跨渠道整合难度会加大？从企业资源来看，具备规模优势，那么这种规模优势能否帮助企业克服非自营渠道间整合带来的阻力？这些现实问题，在已有研究中并没有得到关注。

基于上述分析，本章拟解决的关键问题有两个：①企业规模、IT 能力和渠道多元化等已有研究关注的核心变量是否构成企业实施跨渠道整合的必要条件？②环境动荡性、企业规模、IT 能力、渠道多元化和直接渠道比重的联动作用对跨渠道整合有怎样的影响，能够形成哪些提升跨渠道整合程度的路径？本章的理论贡献有：第一，基于环境、组织和渠道间关系，提出跨渠道整合前因分析框架，并发现了多因素联合作用形成的触发高水平跨渠道整合的路径，丰富了现有跨渠道整合研究内容；第二，发现前因变量间在不同情境中对于提升跨渠道整合程度具有替代作用或互补作用，进一步完善了现有研究内容。

5.2 理论基础与研究模型

5.2.1 理论基础

现有研究从多个理论视角针对跨渠道整合前因构建了一个系统性、完整性的多重理论解释框架，包括资源基础理论、制度理论、创新扩散理论、开放系统理论。

资源基础理论认为，组织基于自身的资源和能力与其他组织竞争(Barney，1991；Wernerfelt，1984)。组织通过建立或拥有异质性资源和能力，创造难以被竞争对手复制的战略，此时竞争优势便建立起来。如果这种异质性的资源和能力始终是稀缺的、不可替代和难以复制的，组织就拥有了持续竞争优势(Barney et al.，2007)。跨渠道整合是企业协同管理多渠道的战略行动，需要企业为多渠道之间的信息共享和相互协作提供资源支持(Luo et al.，2016；胡雯雯 等，2019)。比如，企业内部的财务资源能够为跨渠道整合的实施提供资金支持，IT 能力是跨渠道整合的技术保障(Luo et al.，2016；Cao et al.，2018)，物流能力能够提高跨渠道整合的服务水平等。

创新扩散理论认为在信息传递过程中创新的商品、服务、观点或想法等随时间推移也会被传递或共享给其他组织或个人(Rogers，2004)。跨渠道整合被视为与零售企业采用和实施创新行为的过程有关，例如，消费者通过移动互联网设备搜寻有关的产品信息，并且可以自由选择不同的渠道进行交易，此时零售商的不同渠道必须传递一致的信息，并同步其信息系统，这促使零售商重新设计运行模式以适应这种变化（Verhoef et al.，2015）。再如，上游制造企业实施一些新的信息技术，这些新的信息技术也将改变下游零售商的行为，如无线射频技术、智能化仓储技术等，这也会促使零售商加快电子数据交换系统、电子商务协作系统的应用，推动不同渠道商渠道间的信息共享（Giotopoulos et al.，2017）。基于上述逻辑，Cao 等（2018）从三个维度解释了跨渠道整合的前因，即技术因素、组织特征和环境背景。

制度理论的一个基本假设是制度是环境中的一个重要组成部分，对组织结构和流程产生影响，这种影响主要表现为强制性、模仿性和规范性三种压力（Scott et al.，1995）。面对消费者市场终端对跨渠道消费者需求满足的常态化，零售商也迫切需要制造企业能够实现不同渠道之间的协作等互动活动。此外，行业内部的不同竞争对手面对跨渠道消费和一些渠道间的问题也会做出反应，竞争对手实施跨渠道整合也会对制造企业造成一种失去市场先机的压力和困扰，从而促使其进行跨渠道整合。基于这种逻辑，学者张广玲等（2017）讨论了制度压力、IT 能力、关系治理能力对跨渠道整合的影响。

开放系统理论认为系统的开放性体现在系统通过与外部环境的交互而获取不断演化发展的动力，使得系统从不稳定到稳定循环发展。多渠道营销系统的出现与多渠道结构的变化密切相关，为了保证多渠道结构的稳定和渠道间的合作顺畅，企业开始关注和实施跨渠道整合。然而，跨渠道整合所需要的推动力除多渠道营销系统内部的结构调整之外，还有外部组织资源和环境。也正因为多渠道营销系统的开放性，多渠道营销系统可以从资源和环境中获取动力实施跨渠道整合。钱丽萍等（2023）采用组态方法检验了高管经验、财务资源、线上和线下运营经验、行业等因素的联动作用对跨渠道整合的影响。本研究与之相比有两个明显的区别。第一，本研究的前因变量与之相比均不相同，尤其是渠道因素的选择。本研究选择的是渠道多元化和直接渠道比重，这两个变量经常用来衡量多渠道结构特征或多渠道结构复杂性，也是从制造企业视角来看可以进行调控的多渠道营销策略。本研究选择这两个渠道因素的目的，也是试图发现环境、资源和多渠道营销策略的匹配效应，为制造企业多渠道营销发展提供更为直接的参考。第二，本研究的研究对象为制造企业，而钱丽萍等（2023）的研究对象为零售企业。

上述研究为跨渠道整合前因研究构建了一个相对充实和完备的分析框架，包含了环境、组织和渠道三个方面。本研究认为多渠道结构特征、组织资源和外部环境都是影响企业实施跨渠道整合的因素，跨渠道整合在与这些影响因素的互动过程中获取动力。

5.2.2 TOE 框架与研究模型

TOE（技术-组织-环境）框架在 1990 年被提出，最初是用于分析技术应用情境的一种综合性分析框架（Tornatizky et al.，1990）。随着使用范围的拓展，TOE 框架内涵也不断丰富，学者们往往会根据研究对象和研究问题进行适当调整，在管理研究领域用来分析企业或组织行为决策的影响因素。本研究选择 TOE 框架的原因有两点：第一，上述多理论视角为跨渠道整合的影响因素研究提供了一个基础理论依据，所构建的环境、组织和渠道因素的框架仍是一个宽泛的概念。选择 TOE 框架则可以进一步聚焦本研究影响因素的范围，使得因素间的逻辑关系更明确。第二，跨渠道整合对于制造企业来说是一个新现象和新策略，TOE 框架能从主要的三个影响因素层面关注跨渠道整合的前因。

技术条件，包括制造企业的 IT 能力。拥有完善 IT 硬件设备和软件系统的企业能够更好地创建客户数据库和进行消费者行为分析，从而有助于协调管理不同渠道的功能和任务（Steinfield et al.，2002）。企业 IT 能力越强，越有助于数据、技术和业务流程在不同渠道之间的对接和整合（Steinfield et al.，2002；Luo et al.，2016；Cao et al.，2018；张广玲 等，2017）。

组织条件，包括制造企业规模、渠道多元化和直接渠道比重。组织资源是企业拥有或控制的可用因素，包括各种有形和无形资产，如专利、财务和实物资产等（Barney，1991）。组织通过建立或拥有异质性资源和能力，创造难以被竞争对手复制的竞争优势（Barney et al.，2007；Conner，1991）。有研究认为，规模大的企业拥有较丰富的人力资源和财务资源，能够为实施跨渠道整合提供资源保障（Steinfield et al.，2002）。多渠道结构是企业在多渠道的类型选择、层级设计、使用渠道的多少等方面做出的规划与选择（庄贵军，2018；Nermin et al.，2017）。在前面的文献综述中已表明，多渠道结构与渠道之间的合作措施密切相关。比如,渠道多元化正向影响跨渠道整合(卢亭宇 等,2023)。此外,渠道多元化和直接渠道比重也是衡量多渠道结构特征的关键因素。多渠道结构呈现出的不同特征,比如自营渠道比重多寡、不同类型渠道数量多少等都可视为一种组织因素,影响着渠道之间任何合作活动的实施。

环境因素,包括环境动荡性。已有研究发现:在环境动荡程度高的市场环境中,企业倾向于增加渠道类型获取更多的市场信息以便预测需求变化等(Kabadayi et al.,2007);动荡程度高的环境,有助于提高企业对环境变化反应的敏捷性,采用一些创新的跨渠道整合策略(Cao et al.,2018)。

此外,已有研究也发现这些变量之间相互关联。赵星宇等(2021a)发现企业规模和 IT 能力对于渠道多元化和跨渠道整合间关系具有正向调节作用。企业规模是衡量企业所拥有资源状况的常用变量,对企业战略能力的形成也具有重要影响(Luo et al.,2016)。因此,仅考虑变量间的独立影响和净效应是有缺陷的。这可能也是已有结论出现分歧的原因,比如 Luo 等(2016)发现企业规模对跨渠道整合具有负向影响。Cao 等(2018)把企业规模视为组织特征,发现企业规模和跨渠道整合并不相关。

基于上述分析,为了弥补已有研究中的不足,厘清跨渠道整合的影响因素间的复杂关系,发现提升跨渠道整合程度的多条路径,本研究构建了如图 5-1 所示的跨渠道整合前因组态研究框架,并使用 QCA 方法来发现触发高跨渠道整合的条件组态。

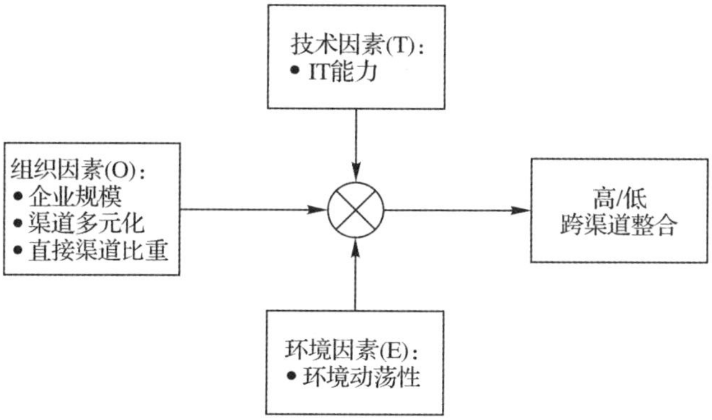

图 5-1　跨渠道整合前因组态研究框架

在这里需要说明的是，渠道多元化在研究二中作为企业绩效的影响因素出现，此处作为跨渠道整合的影响因素出现，并不矛盾。研究二的目的是发现多渠道营销情境中，与跨渠道整合相互关联的多个因素如何联动影响企业绩效。而渠道多元化是与跨渠道整合相关的因素，也是对企业绩效产生影响的因素。研究三的目的是发现多个影响因素对跨渠道整合的联动作用。而渠道多元化是跨渠道整合的一个重要前因条件，且与环境因素也密切关联。这种因素之间相互关联，并共同发挥作用影响特定结果的出现，也符合因果复杂性逻辑。

5.3 变量测量与统计分析结果

5.3.1 数据收集与样本特征

本章使用的数据收集方法依然是调研问卷，使用的调研问卷在研究二的基础上增加了 IT 能力、环境动荡性的测量内容，其余保持不变。调研对象为制造企业的营销渠道管理人员或销售人员，调研时间为 2022 年 9 月，发放问卷 210 份，回收问卷 205 份，其中有效问卷 180 份，无效问卷排除的标准包括填写不完整、前后内容矛盾、空缺内容较多，以及行业不属于制造业等。问卷调研方法依然选择方便调研的方式进行，具体方法与前文研究一和研究二一致，有关调查的过程此处不再重复描述。

本章调研对象和样本详细信息如表 5 - 1 所示，90％以上调研对象在岗位中具有 1 年以上的工作经历，年龄集中在 36～40 岁。样本企业来自机械制造业、电子产品制造业等，销售收入集中在亿元以上。虽然后续数据分析采用 QCA 方法进行，但数据来源于问卷，因此仍将首先进行数据的检验工作，确保问卷数据的质量符合要求。数据检验工作与第 4 章的流程一致，首先进行共同方法偏差的检验，其次进行测量变量的信效度检验。

表 5-1　调研对象和有效样本的分布结构

特征	信息	频数	占比/%
性别	女性	89	49.4
	男性	91	50.6
年龄/岁	25～30	11	6.1
	31～35	61	33.9
	36～40	86	47.8
	41～45	19	10.6
	＞45	3	1.7
工作年限/年	＜1	7	3.9
	1～2	40	22.2
	3～5	55	30.6
	＞5	78	43.3
企业所属行业	纺织服装业	5	2.7
	机械制造业	57	31.7
	医疗器械制造业	10	5.6
	电子产品制造业	24	13.3
	食品饮料制造业	16	8.9
	汽车行业	3	1.7
	其他制造业	65	36.1
销售收入	＜500 万元	21	11.7
	500 万～2500 万元	34	18.9
	＞2500 万～5000 万元	17	9.4
	＞5000 万～1 亿元	17	9.4
	＞1 亿～3 亿元	26	14.4
	＞3 亿元	65	36.1

首先，对共同方法偏差情况进行检验，检验方法参考庄贵军等(2019)的做法，使用了 Harman 单因素检验法检验首个因子的方差解释率为 19%，低于 50%，说明共同方法偏差的影响不是很大。其次，采用分离标签的方法进行进一步检验(Podsakoff et al.，2003)。由于变量“工作年限”未被纳入研究二的模型，并且未发现与企业规模、IT 能力、渠道多元化等变量相关，

因此将其与模型中的所有变量进行皮尔逊相关分析。观察表5-2发现，研究模型中的各变量之间的相关系数没有明显变化，其中最低的相关系数绝对值为0.002，进一步说明共同方法偏差问题不会对分析结果造成严重的影响。综合来看，本研究采用的两种共同方法偏差检验方法都表明，共同方法偏差的影响较小，因此可以认为本研究所得到的结论具有较高的可靠性和有效性。

表5-2 相关系数和调整后的相关系数

变量	跨渠道整合	渠道多元化	直接渠道比重	企业规模	IT能力	环境动荡性
跨渠道整合		0.123	−0.004	0.107	0.346**	0.122
渠道多元化	0.125		−0.211**	0.204*	0.066	0.221**
直接渠道比重	−0.003	−0.210**		−0.125	−0.120	−0.118
企业规模	0.109	0.207*	−0.127		0.173*	0.117
IT能力	0.348**	0.073	−0.121	0.174*		0.150*
环境动荡性	0.125	0.222**	−0.012	0.119	0.151*	
工作年限(标记变量)	0.011	0.022	−0.014	0.112	−0.054	0.002

注：对角线以上数字为控制受访者工作年限(标记变量)后的相关系数。

5.3.2 变量测量

企业规模是指劳动力、生产资料和产品在企业中的集中程度。企业规模的大小在一定程度上反映了企业资源的丰富程度(Feng et al.,2020;Luo et al.,2016)。目前，学者们对企业规模的测度主要通过资产总额、主营业务收入以及从业人员数量等指标衡量。本研究参照崔维军等(2019)的研究，通过企业员工数量对企业规模进行测量。量表设置划分6个标准：1表示20人以下，2表示20～100人，3表示101～200人，4表示201～500人，5表示501～1000人，6表示1000人以上。

环境动荡性指企业所处行业的变化程度以及不可预测性，主要包括市场需求饱和程度、产品创新速度、技术变化速度、需求变化速度等方面。本研究参考Kabadayi等(2007)研究中使用的量表，共包含5个测量题项。环境动荡性的测量量表如表5-3所示。

表 5-3　环境动荡性的测量量表

变量	编号	测量题项
环境动荡性	EU1	我公司所在行业的产品品种变化很快
	EU2	我公司所在行业的技术变化很快
	EU3	我公司所在行业的产品的供求情况变化很快
	EU4	我公司所在行业的终端消费者需求变化很快
	EU5	我公司所在行业的发展规模变化很快

IT 能力是通过协调、整合和部署 IT 资源以支持组织目标得以实现的能力，包括 IT 应用能力和 IT 人员能力（Feng et al.，2020；赵星宇 等，2021a）。IT 应用能力是企业通过应用电脑终端、数据库和软件系统等获取、处理、交换与共享信息等方面的能力，测量题项参考 Luo 等（2016）的测量。IT 人员能力是指相关人员在工作中具备的 IT 知识和操作技能，测量题项参考 Feng 等（2020）的研究。本研究依据上述文献，把 IT 能力视为反映性量表（见表 5-4），取 IT 应用能力和 IT 人员能力两个维度均值计算的结果作为 IT 能力的原始数据。

表 5-4　IT 能力的测量量表

变量	编号	测量题项
IT 应用能力	ITE1	我公司能够应用信息系统识别每一位顾客的交易内容
	ITE2	我公司具有能够识别和记录每一个客户交易情况的系统
	ITE3	我公司能够应用信息系统管理订货和发货信息
	ITE4	我公司能够应用信息管理系统与经销商共享库存信息
IT 人员能力	ITP1	我公司的 IT 人员能够熟练安装、维护计算机系统
	ITP2	我公司的 IT 人员了解网络技术的发展，善于引入先进的管理信息系统
	ITP3	我公司的 IT 人员能够在公司遇到技术上的困难时帮助公司解决问题
	ITP4	我公司的 IT 人员能够根据业务上存在的问题提供技术解决方案

直接渠道比重是指企业直接渠道的销售收入占总销售收入的比值（Homburg et al.，2020）。考虑到受访者很难准确填写直接渠道比重，因此

采用数值区间方式让受访者进行选择。设置六个区间，分别为：①10%以下；②10%～30%；③31%～50%；④51%～70%；⑤71%～90%；⑥90%以上。该值越大说明在企业渠道结构中直接渠道所占比重越大，企业越依赖直接渠道。该值越小说明在企业渠道结构中直接渠道所占比重越小，企业越依赖间接渠道。

5.3.3 数据检验

本研究使用 SPSS 25.0 软件对所涉及的变量进行了描述性统计分析，得到了各变量的均值和标准差，并计算了变量之间的皮尔逊相关系数，以了解样本数据的情况。表 5－5 展示了描述性统计分析的结果。各条件变量之间的相关系数大都小于 0.3，说明本研究各变量之间不存在高度相关关系。

表 5－5 描述性统计和相关矩阵

变量	跨渠道整合	渠道多元化	直接渠道比重	企业规模	IT 能力	环境动荡性
跨渠道整合	1					
渠道多元化	0.125	1				
直接渠道比重	−0.003	−0.210**	1			
企业规模	0.109	0.207*	−0.127	1		
IT 能力	0.348**	0.073	−0.121	0.174*	1	
环境动荡性	0.125	0.222**	−0.012	0.119	0.151*	1

本研究使用克龙巴赫 α 系数和组合信度对变量的信度进行了评估，以反映测量工具对被测对象进行测度所得结果的可靠性和稳定性。α 系数通常用于衡量量表的内部一致性，取值在 0 到 1 之间，一般而言，α 值大于 0.7 说明量表的信度达到可接受水平。此外，为了弥补克龙巴赫 α 系数可能低估量表真实信度的问题，本研究还计算了组合信度。表 5－6 给出了本研究涉及变量的 α 值和组合信度值。渠道多元化为企业使用不同类型渠道的数量，不存在信度问题。而跨渠道整合为二阶构成性量表进行测量，如第 3 章所述不适合进行信度检验。观察表 5－6 可以发现，环境动荡性的 α 值为 0.79，IT 应用能力的 α 值为 0.79，IT 人员能力的 α 值为 0.83，这三个变量

的组合信度也超过 0.8，均满足不低于 0.7 的临界值标准。因此，本研究所有变量的测量量表信度较高，具有较好的内部一致性。

表 5-6　信度检验结果

变量	克龙巴赫 α 系数	组合信度
跨渠道整合	—	0.94
IT 应用能力	0.79	0.84
IT 人员能力	0.83	0.92
环境动荡性	0.79	0.84

本研究从内容效度和结构效度两个方面对量表的效度进行评估，内容效度一般采用主观判断的方式进行检验，结构效度通常通过验证性因子分析方法进行检验。本研究使用的涉及变量的测量量表主要来自学者们使用过的成熟量表，而跨渠道整合的测量量表则是按照量表开发范式严格开发而成的。此外，本研究还通过与营销学教授、博士研究生以及企业管理人员进行访谈，以及通过预调研收集被调查者针对量表设计提出的意见来对量表进行适当的调整和修正，以确保采用的测量量表的内容效度良好。因此，本研究所使用的测量量表具有较高的内容效度，可以准确地反映所涉及变量的测量指标。

本研究使用 AMOS 20.0 软件进行验证性因子分析。结果显示，模型拟合优度符合要求（$\chi^2=135$；df＝87；χ^2/df＝1.56；RMSEA＝0.061；GFI＝0.901；NFI＝0.864；RFI＝0.812），测量模型具有较好的拟合效果。本研究针对相关变量的测量量表进行了聚敛效度的检验，主要包括检验各题项的因子载荷和计算平均提取方差（AVE）两个方面。对于因子载荷，一般认为载荷值大于 0.5 且显著表明该题项与其所属的因子具有较好的相关性；对于 AVE，一般认为 AVE 大于 0.5 则说明测量量表的聚敛效度较高。表 5-7 给出了本研究涉及变量的因子载荷和 AVE。结果显示，所有题项的因子载荷均大于 0.5 且显著，各变量的 AVE 均大于 0.5，说明本研究所采用的测量量表具有较高的聚敛效度。

表 5-7 聚敛效度检验结果

变量	题项	标准载荷	AVE
渠道多元化	CD	—	—
直接渠道比重	DCS	—	—
企业规模	SIZE	—	—
IT 应用能力	ITE1	0.78	0.56
	ITE2	0.77	
	ITE3	0.74	
	ITE4	0.71	
IT 人员能力	ITP1	0.88	0.57
	ITP2	0.83	
	ITP3	0.88	
	ITP4	0.89	
环境动荡性	EU1	0.86	0.57
	EU2	0.86	
	EU3	0.81	
	EU4	0.80	
	EU5	0.77	
跨渠道整合	PARCEL1	0.88	0.81
	PARCEL2	0.95	
	PARCEL3	0.90	

5.4 数据分析结果

5.4.1 必要性条件分析

使用 Stata 15.1 软件获得 NCA 结果，制作了 5 个前因变量与跨渠道整合关系的散点图，如图 5-2 所示。在绘制散点图时默认两种上限线

CE-FDH和 CR-FDH。由于 IT 能力条件的上限(区域)观察到不规则形状，CR-FDH 上限线似乎是相对较好的选择,因此仅报告 CR-FDH 上限的结果。表 5－8 显示了 NCA 参数的上限区域、范围、效应量和精度。

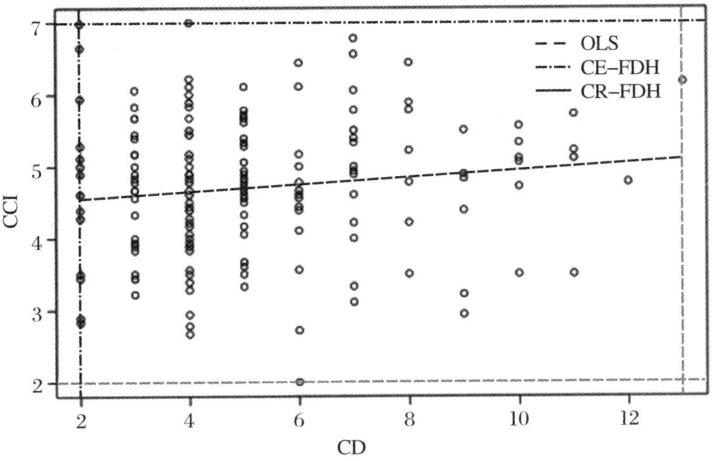

(a)渠道多元化

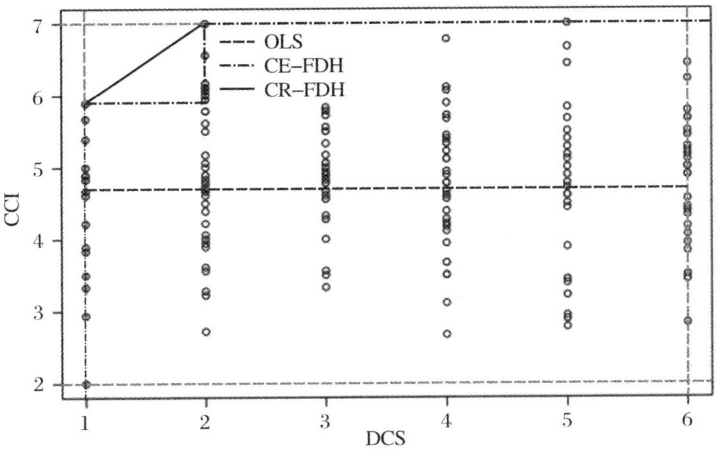

(b)直接渠道比重

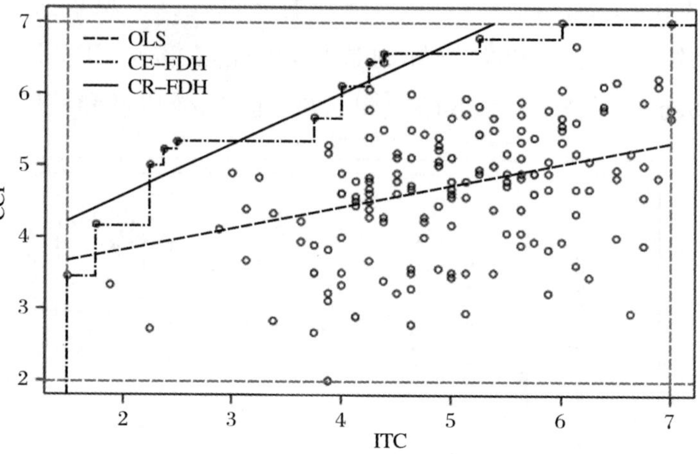
OLS
CE-FDH
CR-FDH
CCI
ITC
2
3
4
5
6
7

(c)IT 能力

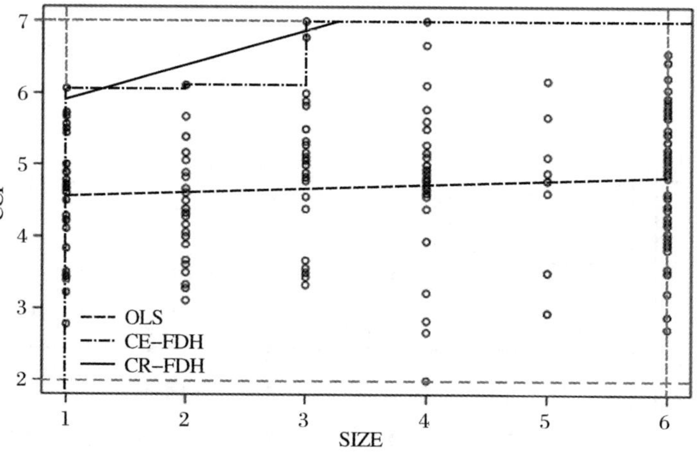
OLS
CE-FDH
CR-FDH
CCI
SIZE
1
2
3
4
5
6
7

(d)企业规模

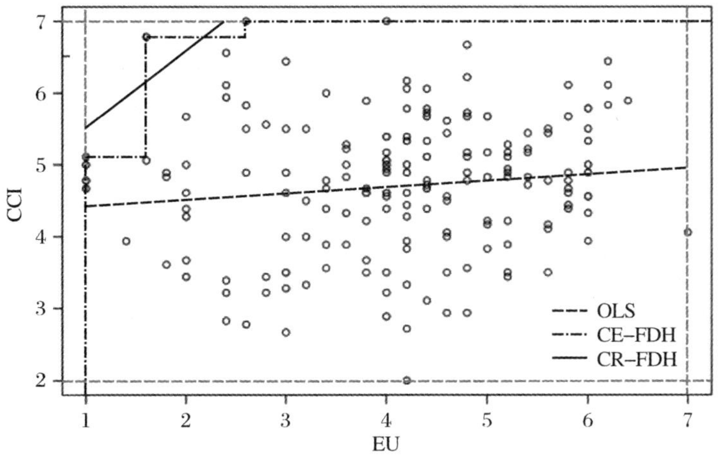

(e)环境动荡性

图 5-2　跨渠道整合前因变量的散点图

表 5-8　NCA 方法必要条件分析结果(N=180)

前因条件	方法	精度	上限区域	范围	效应量(d)	p 值
渠道多元化	CR-FDH	100%	0.000	55	0.000	1.000
直接渠道比重	CR-FDH	100%	0.555	25	0.022	0.478
IT 能力	CR-FDH	96.1%	5.433	27.5	0.035	0.005
企业规模	CR-FDH	98.9%	1.241	25	0.198	0.085
环境动荡性	CR-FDH	99.4%	1.035	30	0.050	0.637

效应量低于 0.1 被认为是弱效应，p=0.05 用来评估效应量的显著性，观察结果满足效应量低于 0.1 且显著性成立时可以被认为是必要条件成立。观察表 5-8，IT 能力的效应量的显著性水平成立(p<0.05)，但其效应量的结果小于 0.1(d=0.035<0.1)可忽略不计，因此，IT 能力不应被视为跨渠道整合的必要条件。渠道多元化、直接渠道比重、企业规模和环境动态的效应量均不显著(p>0.05)，表明这些变量不是跨渠道整合的必要条件。

单要素必要性分析结果只是对个体要素在提升跨渠道整合程度的必要性方面予以判断，虽然未发现必要条件，但多个因素的组合效果并不清晰，因此本研究通过瓶颈表对多个因素组合进一步分析。表 5 - 9 报告了瓶颈分析结果，要达到 50%的跨渠道整合水平，需要 7.3%水平的 IT 能力，其余四个前因条件都不存在瓶颈水平；要达到 80%的跨渠道整合水平，需要 2.0%水平的直接渠道比重，45.5%水平的 IT 能力，3.4%水平的企业规模，7.7%水平的环境动荡性。

表 5 - 9　NCA 方法瓶颈水平分析结果[①] **(*N*=180)**　　单位：%

跨渠道整合	渠道多元化	直接渠道比重	IT 能力	企业规模	环境动荡性
0	NN	NN	NN	NN	NN
10	NN	NN	NN	NN	NN
20	NN	NN	NN	NN	NN
30	NN	NN	NN	NN	NN
40	NN	NN	NN	NN	NN
50	NN	NN	7.3	NN	NN
60	NN	NN	20	NN	NN
70	NN	NN	32.7	NN	NN
80	NN	2.0	45.5	3.4	7.7
90	NN	11.0	58.2	24.7	15.4
100	NN	20.0	70.9	46.0	23

注：①采用 CR 方法；②NN 表示不必要。

本研究进一步采用 QCA 方法检验必要条件。如表 5 - 10 所示，环境动荡性、企业规模、IT 能力、渠道多元化和直接渠道比重五个前因条件必要性检验的一致性水平低于 0.9，说明单个条件不构成高跨渠道整合的必要条件。这一结果与 NCA 结果一致，即不存在产生高跨渠道整合的必要条件。

表 5 - 10　单个前因条件的必要性和充分性分析

前因条件	前因条件的充分一致性率		前因条件的必要性覆盖率	
	CCI	～CCI	CCI	～CCI
环境动荡性(EU)	0.728	0.648	0.676	0.609
～EU	0.579	0.656	0.619	0.710
直接渠道比重(DCS)	0.668	0.674	0.645	0.659
～DCS	0.647	0.638	0.662	0.660
渠道多元化(CD)	0.833	0.795	0.584	0.564
～CD	0.379	0.414	0.647	0.716
IT 能力(ITC)	0.757	0.558	0.776	0.579
～ITC	0.59	0.785	0.568	0.766
企业规模(SIZE)	0.627	0.565	0.643	0.587
～SIZE	0.597	0.656	0.575	0.641

注："～"指逻辑非。

5.4.2　充分性条件分析

关于校准过程中三个阈值的设置，观察已有文献发现有两种常用方法。第一种方法是针对量表获取的连续数据，采用样本中的第 5 个百分位、第 50 个百分位和第 95 个百分位来作为校准阈值，可以理解为：覆盖原始数据值 5%，被确定为完全不隶属（模糊评分＝0.05）；覆盖原始数据值 50%，被确定为完全隶属和完全不隶属的交叉点（模糊评分＝0.50）；覆盖原始数据值 95%，被确定为完全隶属（模糊评分＝0.95）（Fiss，2011；Jin et al.，2022；Fan et al.，2017）。第二种方法是将量表的最小值、中间值和最大值作为阈值（Ding et al.，2022）。本研究采用第一种方法进行校准和条件组态分析，然后利用第二种校准方法获取数据进行稳健性检验。本研究选择 fsQCA 3.0 软件进行数据分析，经过"calibrate"程序校准后的数据进入下一步必要条件分析和充分条件分析阶段。研究三的数据校准内容如表 5 - 11 所示。

表 5－11 calibrate 程序赋值标准总结

条件	描述性分析				数据校准		
	均值	标准差	最小值	最大值	不完全隶属	交叉点	完全隶属
跨渠道整合	4.7	0.94	2	7	2.9	4.8	6.2
渠道多元化	5	2.38	2	13	2	4	10
直接渠道比重	3.3	1.61	1	6	1	3	5
企业规模	3.6	1.87	1	6	1	4	6
IT 能力	4.9	1.10	1	7	2.9	5	6.8
环境动荡性	4.1	1.32	1	7	1.8	4.2	6

在对数据进行校准后，通过 fsQCA 3.0 软件构建真值表。本研究将样本频次门槛值（frequency）设置为 3，一致性值（consistency）设置为 0.87，PRI 一致性值不低于 0.5，具体设置标准的说明在前面已论述，此处省略说明。本章所研究的跨渠道整合前因条件从现有结论来看虽然与跨渠道整合间存在关系，但结论尚存在分歧，很难确定地说是正向、负向或不相关。因此在运行 fsQCA 3.0 软件的过程中面对五个条件的何种状态会触发高跨渠道整合或非高跨渠道整合，选择了“present or absent”（即“存在或不存在”）。基于以上标准，得出相应的复杂解、中间解和简单解，并据此得出能够实现高跨渠道整合路径中的核心条件和辅助条件。

fsQCA 的中间解有效识别了触发高企业绩效的四种前因组态，简单解有效识别了触发高跨渠道整合的四种前因组态。经过对比分析，整理出组态分析结果，如表 5－12 所示。高跨渠道整合组态中解的总体一致性为 0.82，可以理解为符合四类高企业绩效组态条件的样本中，有 82％的样本呈现高跨渠道整合水平。解的总体覆率为 0.63，这意味着 63％的高跨渠道整合样本在四类组态中。非高跨渠道整合组态中解的总体一致性为0.81，可以理解为在满足两类非高跨渠道整合组态条件的样本中，有 81％的样本呈现非高跨渠道整合水平。解的总体覆盖率为 0.61，这意味着 61％的非高跨渠道整合样本在两类组态中。

表 5 - 12　跨渠道整合影响因素的组态结果

前因条件	组态					
	高跨渠道整合				非高跨渠道整合	
	S1	S2	S3	S4	L1	L2
渠道多元化(CHD)	●	●	•		•	⊗
直接渠道比重(DCS)	●	●		•		•
企业规模(SIZE)		●	●	•	⊗	
IT 能力(ITC)	●		•	●	⊗	
环境动荡性(EU)			●	●		⊗
一致性	0.87	0.85	0.88	0.89	0.85	0.82
覆盖率	0.45	0.39	0.35	0.33	0.41	0.45
唯一覆盖率	0.12	0.07	0.04	0.04	0.16	0.20
总体一致性	0.82				0.81	
总体覆盖率	0.63				0.61	

在组态 S1(CHD * DCS * ITC)中,渠道多元化、直接渠道比重和 IT 能力作为核心条件出现,企业规模和环境动荡性对高跨渠道整合没有影响。在组态 S2(CHD * DCS * SIZE)中,渠道多元化、直接渠道比重和企业规模作为核心条件出现,环境动荡性和 IT 能力高低对跨渠道整合没有影响。在组态 S3(EU * CHD * SIZE * ITC)中,企业规模和环境动荡性作为核心条件出现,渠道多元化和 IT 能力作为辅助条件出现,直接渠道比重是否出现对高跨渠道整合没有影响。在组态 S4(EU * DCS * SIZE * ITC)中,IT 能力和环境动荡性作为核心条件出现,直接渠道比重和企业规模作为辅助条件出现,渠道多元化的高低对高跨渠道整合没有影响。在组态 S1 和组态 S2 中,渠道多元化和直接渠道比重为核心条件,可归为一类,命名为“多渠道结构主导型”。在组态 S3 和组态 S4 中,环境动荡性、企业规模和 IT 能力共同出现,可归为一类,命名为“环境-资源主导型”。

在组态 L1(CHD * SIZE * ITC)中,渠道多元化作为辅助条件出现,企业规模和 IT 能力作为核心条件缺失,可以视为资源与多渠道结构失衡类型。在组态 L2(CHD * DCS * EU)中，渠道多元化和环境动荡性作为核心条件缺失，直接渠道比重作为辅助条件出现，可以视为环境与多渠道结构失衡类型。

5.4.3 稳健性检验

对高水平跨渠道整合组态结果进行稳健性检验时，本章与研究二相同，改变数据校准规则，采用最大值、均值和最小值作为校准的门槛值。稳健性检验结果如表 5－13 所示。观察稳健性检验结果可以发现，组态 M3 和组态 M4 与组态 S3 和组态 S4 基本一致，核心条件和辅助条件略有区别，这不影响对跨渠道整合路径的解释。组态 M2 虽然与表 5－12 分析结果不同，但核心条件依然是企业规模。组态 M2 只是补充了一种非高水平环境动荡情境中，企业规模和 IT 能力的联合作用触发高水平跨渠道整合的条件。组态 M1 表示在高动荡市场环境中，具有较强 IT 能力的小企业，能够触发高跨渠道整合。整体上来看，前因组态结果（表 5－12）与稳健性检验结果（表 5－13）大致相同，但前者在条件组态的类型上更具优势，且所形成的组态结果更能够发现变量条件所存在的互补性和替代性关系。

表 5－13 高水平跨渠道整合前因组态的稳健性检验结果

前因条件	组态			
	M1	M2	M3	M4
渠道多元化(CD)		⊗	●	
直接渠道比重(DCS)				●
企业规模(SIZE)	⊗	●	●	●
IT 能力(ITC)	•	•	•	•
环境动荡性(EU)	●	⊗	●	•
一致性	0.908	0.887	0.922	0.894
覆盖率	0.344	0.374	0.397	0.408
唯一覆盖率	0.131	0.070	0.029	0.046
总体一致性	0.856			
总体覆盖率	0.685			

5.5 研究命题

在这一部分中将首先解读 NCA 的结果，明确单项因素的作用；其次围绕四个组态结果的内涵，从“因果复杂性”角度讨论渠道多元化、直接渠道比重、企业规模、IT 能力和环境动荡性的联合作用，以及形成的组态与跨渠道整合间的关系。

5.5.1 单项因素分析

观察本研究的研究结果可以发现 IT 能力对跨渠道整合的必要性程度检验是显著的，但效应量略低于 0.1，在使用 fsQCA 3.0 软件进行检验时必要性程度也低于 0.9。在组态分析中，表 5 - 12 的四个组态中，有三个组态出现了 IT 能力，在稳健性检验结果中，四个组态均出现了 IT 能力。这些均说明，虽然 IT 能力并不是跨渠道整合的必要条件，或者说“卡脖子”因素，但对提升跨渠道整合的程度而言是至关重要的。这也与已有研究发现较为吻合，例如此前研究几乎一致认为 IT 能力对于跨渠道整合具有重要的推动作用，所得结论也确认两者间的正向关系(Cao et al.，2018；Luo et al.，2016)。在组态结果中，本研究还发现 IT 能力和企业规模之间具有替代效应和互补效应，即在不同的环境和多渠道结构条件下，两者既可能相互替代，也可能相辅相成。在实践中，也可以发现并不是所有实现高跨渠道整合的企业都具备较高水平的 IT 应用能力和 IT 人员。目前许多企业所使用的订货系统、仓储管理系统都可以通过购买或外包方式来获得，整体化的信息技术打包方案也成为一种企业信息化改造的常见选择。

已有研究表明渠道多元化正向影响跨渠道整合，也是引发渠道间矛盾冲突的重要原因，是跨渠道整合出现的重要情境因素。但本研究认为，并不是实现渠道间高度整合的制造企业都拥有较多类型的营销渠道。第一，企业实施跨渠道整合的目的在于发挥多条渠道的协同作用，无论制造企业渠道数量的多寡，都可能会实施跨渠道整合，只是在难度上可能会有区别。第二，企业不同类型渠道的数量变化可能对跨渠道整合的影响是不同的。例如，如果是自营渠道，可能渠道数量多会促使企业实施整合措施，更好地管理多条渠道。如果是非自营渠道，渠道数量多反而会增加渠道管理的难度，并不一定有助于跨渠道整合。在对制造企业访谈过程中,有企业对此表示认同。例如,某品牌灯具生产企业表示:“同一款台灯,若要同时在线上和线下渠道销售,必须取 3 个名字,并且在公司内部做成 3 个项目分别立项。其中名字 1 为仅供阿里系销售,名字 2 为仅供京东系销售,名字 3 为仅供线下门店销售。这即意味着一款灯具的开发,部分流程因为渠道的要求,需要重复多做 2 次,成品供应商在生产时也需要建立 3 个不同的子生产模块。此外,线上经销商渠道和线下门店之间也矛盾重重。以 2020 年初上市的某类型台灯为例,此灯线下指导销售价为 1400 元,线上促销后指导销售折扣价为 1200 元,设定的渠道为以线下为主、线上为辅,200 元的差价已经使线下销售面临很大的压力,但在实际销售中,部分商家为了完成平台的任务,将售价直接做到 899 元,差价达到 500 元,直接使线下销售部分面临完全卖不动的窘境。”在这种情境中,该企业表示要让线上线下整合协作很困难,他们采取的措施是减少线上渠道数量,重心调整到线下,而并不是跨渠道整合。据此,本研究提出研究命题 1。

命题 1:IT 能力和渠道多元化并不构成高跨渠道整合的必要条件,但在与企业规模、环境动荡性和直接渠道比重的联合作用中发挥重要作用。

5.5.2 多因素的组态分析

“多渠道结构主导型”组态中都出现了渠道多元化和直接渠道比重,且它们作为核心条件出现。这表明高渠道多元化和高直接渠道比重的联合作用对于实现高跨渠道整合至关重要。这与 Homburg 等(2020)提出的论点一致,即多渠道系统中的直接渠道减少了渠道成员之间的信息不对称和投机行为,从而更有利于企业管理多渠道。在“环境-资源主导型”组态中,渠道多元化和直接渠道比重交替出现,这说明在这类情境中,企业实施渠道多元化或者以直接渠道为主要销售渠道都有助于实现高跨渠道整合。已有研究也发现,渠道多元化正向影响跨渠道整合(卢亭宇 等,2023)。这背后的逻辑是:制造企业实施跨渠道整合可以借助多渠道策略,也可以借助环境和组织的助力。如果主要依靠多渠道策略发挥助力作用,那么需要发挥渠道多元化和直接渠道比重的联合作用。如果主要依靠环境和资源助力,那么渠道多元化或直接渠道比重可以任选某一种使用。本研究回应了已有研究结论，并进一步补充了渠道多元化和直接渠道比重发挥积极作用的情境。据此，本研究提出命题 2。

命题 2：拥有规模优势或者 IT 能力优势的企业，渠道多元化和直接渠道比重对于提升跨渠道整合程度具有互补作用；在动荡程度高的环境中，兼具规模和 IT 能力优势的企业，渠道多元化和直接渠道比重对于提升跨渠道整合程度具有替代作用。

在"多渠道结构主导型"组态中，企业规模和 IT 能力分别出现在该类组态中。在组态 S1 中，IT 能力发挥重要作用，而企业规模对跨渠道整合而言出现与否并不重要。相反，在组态 S2 中，企业规模发挥重要作用，而 IT 能力对跨渠道整合而言出现与否并不重要。组态结果部分支持 Cao 等(2018)和 Zhang 等(2017)的研究结论，即企业规模对跨渠道整合的影响并不显著，IT 能力是实施跨渠道整合的重要条件。这也意味着，企业规模和 IT 能力在"多渠道结构主导型"组态中对于实现高跨渠道整合具有替代效应。而在"环境-资源主导型"组态中，企业规模和 IT 能力同时出现。这意味着在这类组态中，规模优势和技术优势的联合作用对于实现高跨渠道整合至关重要。这背后的逻辑是：制造企业实施跨渠道整合可以借助多渠道策略，也可以借助环境和组织的助力。如果主要依靠多渠道策略发挥助力作用，那么制造企业具备规模和 IT 能力中的任何一种优势都可以助力跨渠道整合。如果主要依靠环境和资源助力，那么企业规模和 IT 能力要发挥联合作用助力跨渠道整合。本研究回应了已有研究结论，并进一步补充了企业规模和 IT 能力发挥积极作用的情境。据此，本研究提出命题 3。

命题 3：在渠道多元化和直接渠道比重高的多渠道系统中，IT 能力和企业规模对于提升跨渠道整合程度具有替代性；在渠道多元化程度高或直接渠道比重高的情境中，IT 能力和企业规模对于提升跨渠道整合程度具有互补性。

组态 L1 和组态 L2 是两种非高跨渠道整合组态。在组态 L1 中，企业规模和 IT 能力作为核心条件缺失，而渠道多元化作为辅助条件出现。这意味着，如果企业不具备规模和 IT 能力优势，在数量较多的多渠道系统中很难实现高跨渠道整合。一方面，渠道多元化会引发跨渠道冲突，从而阻碍渠道之间的合作(赵星宇 等，2021a)；另一方面，有限的资源使得企业很难为实施跨渠道整合投入充足的人力、物力和财力，也无法匹配所需的信息系统(Luo et al.,2016;Cao et al.,2018)。在组态 L2 中，渠道多元化和环境动荡性作为核心条件缺失，直接渠道比重作为辅助条件出现。这意味着，在相对稳定的市场环境中，企业并没有花费更多精力去使用多元化的销售渠道，而以直接渠道销售产品或服务为主导，比如自有门店、自营网络旗舰店等。这种情境下企业可能会缺乏高跨渠道整合的动力，原因有两方面。第一，在相对稳定的市场环境中，需求、技术、竞争等情况相对稳定且易于预测和推断，企业会延续以往的销售模式包括渠道结构，不会增加新渠道，因此渠道类型相对较少。渠道多元化程度低，且以直接渠道为主，因此多渠道成员之间的沟通和管理相对简单，避免出现较严重的矛盾和冲突。第二，在相对稳定环境中，市场稳定导致企业有限渠道成员之间的利益争夺问题相对缓和，即使出现跨渠道冲突，因其多发生在直接渠道中，也更多是企业销售管理部门的内部问题，采用一般管理方式来解决，较少会花费精力进行跨渠道整合。然而，这一发现似乎与已有研究发现不完全一致。根据交易成本理论的基础逻辑，在不确定的市场环境中，企业倾向于采用层级治理方式设计渠道结构，多采用直接渠道或使用内部销售力量(Kabadayi et al.,2007)。因为直接渠道作为一种短渠道，便于制造企业掌握来自终端用户的需求反馈，在快速变化的市场环境中，拥有更多的直接渠道能够更快捷地掌握市场信息和做出反应。事实上，企业多渠道系统所处的环境是复杂的，采用哪种多渠道结构或多渠道策略并不是受到某一种个体因素的推动。本研究的发现并不是与已有研究不一致，而是补充发现了多渠道系统的复杂情境和多渠道策略的适用条件。结合以上分析，提出命题 4。

命题 4:渠道多元化和直接渠道比重与跨渠道整合直接存在着因果非对称性关系，对跨渠道整合的影响是正向还是负向取决于与其他条件的匹配。

5.6 本章小结

本章基于 TOE 框架构建了跨渠道整合前因组态研究框架，同时结合开放系统理论的逻辑和已有多渠道营销研究文献中呈现的变量间的复杂关系，选择环境动荡性、企业规模、IT 能力、渠道多元化和直接渠道比重作为关键前因条件变量，分析了触发高跨渠道整合和非高跨渠道整合的六类组态。本研究以实施多渠道营销的制造企业为调研对象，通过问卷调查收集了 180 家企业的数据，并应用 NCA 和 fsQCA 方法分析了前因条件与结果间的必要性关系和充分性关系，提出了四个研究命题（详见表 5 - 14）。

表 5 - 14　研究命题总结

命题名称	内容
命题 1	IT 能力和渠道多元化并不构成高跨渠道整合的必要条件，但在与企业规模、环境动荡性和直接渠道比重的联合作用中发挥重要作用
命题 2	拥有规模优势或者 IT 能力优势的企业，渠道多元化和直接渠道比重对于提升跨渠道整合程度具有互补作用；在动荡程度高的环境中，兼具规模和 IT 能力优势的企业，渠道多元化和直接渠道比重对于提升跨渠道整合程度具有替代作用
命题 3	在渠道多元化和直接渠道比重高的多渠道系统中，IT 能力和企业规模对于提升跨渠道整合程度具有替代性；在渠道多元化程度高或直接渠道比重高的情境中，IT 能力和企业规模对于提升跨渠道整合程度具有互补性
命题 4	渠道多元化和直接渠道比重与跨渠道整合直接存在着因果非对称性关系，对跨渠道整合的影响是正向还是负向取决于与其他条件的匹配

第一，环境动荡性、企业规模、IT 能力、渠道多元化和直接渠道比重并不构成高跨渠道整合的必要条件，但是合理部署这些条件因素对于触发高跨渠道整合发挥着重要作用。可以理解为，在出现高跨渠道整合的案例中，上述五个前因条件并不是必须要出现。正如现有研究也发现：企业规模对跨渠道整合可能存在负向影响（Luo et al.，2016），因为规模大的组织，存在较大的组织惯性，反而并不利于采用一些创新措施。也有研究发现企业规模大小并不影响跨渠道整合（Cao et al.，2018）。这说明企业多渠道系统所处的环境是由多因素构成的复杂情境，跨渠道整合的实施是多因素联合推动的结果。因此，重视多因素的联合作用对研究跨渠道整合是必要的和有价值的。

第二，规模大或 IT 能力强的企业更有可能通过增加多渠道系统中直接渠道的比重来实现高度的跨渠道整合。也就是说，在直接渠道比重高的多渠道系统中，企业利用规模优势（组态 S2）或者 IT 能力优势（组态 S1）都可以实现高水平跨渠道整合。这与已有研究认为IT能力正向影响跨渠道整合的结论保持一致，并进一步说明了IT能力发挥作用的多渠道情境。

第三，具有技术和规模优势的企业更有可能通过采用渠道多元化或在动态环境中增加直接渠道的比重来实现高度的跨渠道整合。已有研究认为，在多元化程度高的渠道中，多渠道成员之间更容易产生利益蚕食问题，这并不利于多渠道之间的合作。本章的结论进一步说明，在多元化程度高的渠道中，企业可以借助规模和IT优势的合力来推动多渠道之间实现协同整合。这一方面说明，多元化程度高，确实为企业整合多渠道带来了困难，仅依靠IT能力或企业规模是不够的，这与已有研究发现企业规模与跨渠道整合间不相关的结论保持一致；另一方面也说明，企业规模和IT能力虽然是战略行为的资源保障，仍需结合战略行为的情境来正确使用。

第四，渠道多元化和直接渠道的比重以不对称的方式影响跨渠道整合，这取决于其他配置因素。具体而言，如果企业规模小且缺乏IT能力，渠道多元化会降低跨渠道整合；如果企业的渠道多元化低且环境稳定，企业将更多地依赖直接渠道而非跨渠道整合。这些结论为跨渠道整合提供了一些见解，并提出了在不同情况下促进跨渠道整合的多种方法。

通过NCA方法分析发现环境动荡性、企业规模、IT能力、渠道多元化和直接渠道比重并不构成高跨渠道整合的必要条件，这些并不是制约企业实施跨渠道整合的“卡脖子”因素。此后，本章通过fsQCA方法进一步分析了五个前因条件与跨渠道整合间的充分性关系。研究发现，已有研究采用回归分析发现IT能力对于提升跨渠道整合程度具有重要作用，企业规模对跨渠道整合的程度可能并没有影响或是负相关关系，并不能完全反映出这两种组织资源的作用。本研究的发现弥补了已有研究的不足，厘清了企业规模等前因变量与跨渠道整合间的复杂关系，对已有跨渠道整合前因研究进行了拓展，完善了跨渠道整合前因的研究内容，也调和了已有研究中的分歧。

第 6 章

组态分析与回归分析结果的比较

本章使用回归分析方法对研究二和研究三的两个模型进行检验，分别以企业绩效和跨渠道整合为结果变量，对应的条件变量为自变量。目的有两个：第一，发现组态研究方法得出的结论与回归方法所得结论哪里不一致，差异在哪里，能否说明采用组态方法更利于回答本研究的研究问题；第二，使用回归分析方法发现变量之间的显著性关系，其与组态结果中某些条件出现的结果是否一致，从而可以在一定程度上说明组态结果的稳定性。

本章的研究目的不是检验假设关系，因此不再重复进行假设关系的建立，把研究二和研究三模型中的前因条件作为自变量，结果条件作为因变量，采用 SPSS 27.0 软件进行回归分析。

6.1 结果研究的比较

表 6－1 显示了回归分析的结果，模型 1 和模型 2 的调整 R^2 分别为 0.120和 0.184，表明模型 2 的解释力要高于模型 1。模型 1 的 F 值为 8.072，模型 2 的 F 值为 6.000（$p<0.001$），模型具有良好的拟合优度。

表 6-1 回归分析结果:标准化系数(β)

变量		因变量:企业绩效	
		模型 1	模型 2
自变量	渠道多元化		−0.046
	跨渠道冲突		0.059
	渠道差异化		−0.019
	跨渠道整合		0.222**
控制变量	企业规模	0.161**	0.164**
	环境动荡性	0.005	−0.011
	需求差异性	−0.001	−0.023
	跨渠道迁徙	−0.003	0.028
R^2		0.137	0.212
调整 R^2		0.120	0.184
F 值		8.072***	6.000***

回归分析结果显示,跨渠道整合正向影响企业绩效($\beta=0.222$,$p<0.01$),这与已有研究结果相一致(Cao et al.,2015;卢亭宇 等,2023)。渠道多元化和跨渠道冲突与企业绩效间关系不显著,这与已有研究结论不一致。这说明在任何给定的数据集中,不是所有情况都支持独特的负面或正面关系。因为在实践中,这些变量可能会受到其他因素的影响,导致净效应并不能完整地解释它们之间的关系。比如,渠道多元化虽然有助于提升企业绩效,但也因为导致渠道蚕食问题而影响了企业整体绩效,积极和消极作用抵消后,表现出对企业绩效的净效应不显著。

表 6-2 是回归分析与组态分析的对比,渠道多元化、跨渠道冲突和渠道差异化出现在高企业绩效和非高企业绩效的组态结果中,这说明它们可能触发高企业绩效,也可能触发非高企业绩效,即三个变量与企业绩效间关系存在着因果非对称性关系。此外,在高企业绩效组态 S2 中没有出现跨渠道冲突,这说明跨渠道冲突出现与否对于高企业绩效而言不重要。在高企业绩效组态 S3 和非高企业绩效 L2 中,渠道多元化都没有出现,这说明渠道

多元化对于企业绩效而言并不重要。在高企业绩效组态 S2、S3 和非高企业绩效 L1 中，渠道差异化都没有出现，这说明渠道差异化对于企业绩效而言并不重要。这与回归分析发现跨渠道冲突、渠道多元化、渠道差异化与企业绩效之间关系不显著的结论一致。但观察表 6-2 可以发现，组态分析进一步说明了在什么情境下上述三个变量对企业绩效而言并不重要。例如，组态 S2 表明在高渠道多元化和高跨渠道整合的情境中，跨渠道冲突对实现高企业绩效并不重要。

可以看出，组态分析更易于呈现多个条件变量的联合作用对结果的影响，且不受变量间相互影响的干扰。同时，组态分析对渠道多元化、跨渠道整合等四个自变量提升企业绩效和阻碍企业绩效的情境进行了说明，明确了单个变量的作用情境。

表 6-2　跨渠道整合结果研究的组态分析与回归分析对比

自变量	因变量（企业绩效）						
	回归分析		高企业绩效组态			非高企业绩效组态	
	已有研究	本研究	S1	S2	S3	L1	L2
渠道多元化	正相关/×	×	•	●		●	
跨渠道冲突	负相关	×	⊗		•	•	●
渠道差异化	未知	×	●				•
跨渠道整合	正相关	正相关		•	●	⊗	⊗

注：×代表变量间关系不显著。

6.2　前因研究的比较

表 6-3 显示了回归分析的结果，模型 1 和模型 2 的调整 R^2 分别为 0.062 和 0.091，表明模型 2 的解释力要高于模型 1。模型 2 的 F 值为 2.602（$p<0.05$），可见调整 R^2 的变化引起 F 值的显著变化，这说明模型具有良好的拟合优度。

表 6-3 回归分析结果:标准化系数(β)

变量		因变量:跨渠道整合	
		模型 1	模型 2
自变量	环境动荡性		−0.124
	渠道多元化		0.050
	企业规模		−0.018
	IT 能力		0.215***
	直接渠道比重		−0.056
控制变量	跨渠道冲突	−0.180**	−0.158**
	渠道差异化	0.132*	0.100
	需求差异性	0.035	0.083
	产品复杂性	0.118*	0.106
R^2		0.077	0.122
调整 R^2		0.062	0.091
F 值		5.321***	2.602*

IT 能力正向影响企业绩效($\beta=0.215, p<0.001$),这和已有研究发现相一致(Luo et al.,2016;Cao et al.,2018;张广玲 等,2017)。企业规模与跨渠道整合间关系不显著,这与 Cao 等(2018)的研究发现相一致。渠道多元化与跨渠道整合间关系不显著,这与卢亭宇等(2023)的研究发现不一致。回归分析中的显著性是否成立,并不能完全反映该前因条件与结果之间的关系。

表 6-4 是回归分析与组态分析的对比,渠道多元化和直接渠道比重出现在高跨渠道整合和非高跨渠道整合的组态结果中,这说明它们可能触发高水平跨渠道整合,也可能触发低水平跨渠道整合,即两个变量与跨渠道整合存在着因果非对称性关系。这两个多渠道策略能否助力企业实施跨渠道整合,取决于与环境和组织资源的匹配效应。本研究的发现也是对卢亭宇等(2023)的研究发现的进一步补充完善。

虽然在回归分析中发现 IT 能力是企业实施跨渠道整合的重要保障,企业规模与跨渠道整合不相关，但通过组态分析，进一步发现 IT 能力发挥重要作用的市场环境（组态 S3、S4）和多渠道结构特征（组态 S1）。更为重要的是，组态分析结果发现了企业规模和 IT 能力两个重要资源要素在助力跨渠道整合时的替代效应和互补效应，这进一步厘清了两种资源的作用。

表 6-4　跨渠道整合前因研究的组态分析与回归分析对比

自变量	因变量（跨渠道整合）							
	回归分析		高跨渠道整合组态				非高跨渠道整合组态	
	已有研究	本研究	S1	S2	S3	S4	L1	L2
渠道多元化	正相关	×	●	●	•		•	⊗
直接渠道比重	未知	×	●	●		•		•
IT 能力	正相关	正相关	●		•	●	⊗	
企业规模	×/负相关	×		●	●	•	⊗	
环境动荡性	未知	×			●	●		⊗

注：回归分析一列中，×代表变量间关系不显著。

6.3　本章小结

本章对研究二和研究三的内容用回归分析方法做了一个事后检验，总结如下。在跨渠道整合的结果研究中，回归分析结果显示跨渠道整合与企业绩效正相关，组态分析结果显示高跨渠道整合和高跨渠道冲突可以触发高企业绩效。此外，回归分析结果表明跨渠道冲突、渠道多元化和渠道差异化与企业绩效间关系并不显著，组态分析结果发现跨渠道冲突、渠道多元化和渠道差异化同时出现在高企业绩效和低企业绩效的组态中。在跨渠道整合的前因研究中，回归分析结果表明 IT 能力与跨渠道整合正相关，组态结果也发现高 IT 能力可以触发高跨渠道整合，非高 IT 能力可以触发非高跨渠道整合。此外，回归分析结果还发现渠道多元化和直接渠道比重与跨渠道整合不相关，组态分析发现它们可以触发高跨渠道整合，也可以触发非高跨渠道整合。

通过组态分析与回归分析结果的对比，得出以下几点结论：

第一，组态思维不局限于变量间的线性关系，呈现了更多多渠道营销情境中跨渠道整合前因和结果的重要发现。回归分析是一种基于总体导向的研究，聚焦变量 X 与 Y 间的线性关系（Cloutier et al.，2020；Furnari et al.，2021），呈现的是控制其他变量以后，特定变量 X 与 Y 间的平均因果效应（Mahoney，2008；拉金，2019）。比如，在对研究二进行回归分析检验时，控制了企业规模、需求差异性等几个变量后，观察到跨渠道整合与企业绩效正相关。在对研究三进行回归分析检验时，控制了跨渠道冲突、渠道差异化等变量，发现 IT 能力与跨渠道整合正相关。据此，人们往往会普遍理解为：跨渠道整合程度提高，企业绩效也提升；IT 能力越强，跨渠道整合程度越高。事实上，现实并不总是能用线性二元或多元关系来表示（Miller，1986）。比如，组态分析结果中存在着跨渠道整合对提升企业绩效而言无关紧要的组态，也有跨渠道整合作为核心条件出现的组态。因此，在复杂的多渠道营销情境中，突破线性思维审视跨渠道整合是必要的。

第二，通过组态思维不仅发现触发高企业绩效和高跨渠道整合的多条路径，还观察到关键变量发挥作用的情境。组态思维认为管理现象是由多种因素共同构成的，且存在多条路径（Furnari et al.，2021），能够发现特定案例中产生特定结果的特定原因。比如，研究二发现了触发高水平企业绩效的三条路径，其中包含高跨渠道冲突作为辅助条件出现的路径，也包括低跨渠道冲突作为核心条件出现的路径。这可以理解为，跨渠道冲突在某些情境中出现对于提升企业绩效是有利的，而在某些情境中不出现对于提升企业绩效也是有利的。这显然不是简单意义上的跨渠道冲突与企业绩效不相关，而是呈现了跨渠道冲突对提升企业绩效产生积极作用的具体情境。

第三，在多渠道营销情境中，跨渠道整合与渠道多元化、跨渠道冲突、企业绩效彼此间都存在着相互影响，此时组态分析能够不受这类内生性问题的影响，从充分条件和必要条件入手解释因果关系。组态分析结果中通过集合关系展现了变量间的因果非对称性关系，能够规避反向因果等内生性问题。比如，跨渠道整合有助于提升企业绩效，高企业绩效也有助于企业实施跨渠道整合，这种线性因果循环问题在跨渠道整合与企业绩效间的关系研究中也存在。如果考虑并非所有的企业实施跨渠道整合都可以提升企业绩效，企业绩效高的企业也不会都去提升跨渠道整合程度，结合其他条件，基于组态视角和因果非对称性则可以避免这种反向因果关系。本研究中，高跨渠道整合和高渠道多元化的结合（渠道多样且整合程度高）构成提升企业绩效的充分条件，逻辑上高企业绩效就不是“渠道多样且整合程度高”的充分条件。因此，通过组态分析，更好地解释了跨渠道整合前因和结果中存在的复杂逻辑关系。

第四，组态结果进一步厘清了单个变量的作用情境，可以为回归分析结果提供补充说明。从本研究的回归分析和组态分析结果对比可以看出，组态结果呈现了哪些变量的联合可以触发结果。本研究的回归分析发现，渠道多元化与企业绩效不相关，而卢亭宇等（2021）的研究发现渠道多元化与企业绩效正相关，Käuferle 等（2015）认为渠道多元化与企业绩效是非线性关系。本研究的组态分析结果表明，渠道多元化在高跨渠道整合和高跨渠道冲突情境下对提升企业绩效而言无关紧要，在高跨渠道冲突、高渠道差异化和非高跨渠道整合的情境中，对触发低水平企业绩效也无关紧要，但是渠道多元化和跨渠道整合的联合作用可以带来高绩效。在前因研究中，本研究的回归分析发现渠道多元化与跨渠道整合不相关，而卢亭宇等（2023）的研究发现渠道多元化与跨渠道整合正相关。组态研究结果表明，渠道多元化出现在高 IT 能力和高直接渠道比重的高跨渠道整合组态中，但在高动荡的市场环境、高 IT 能力、高企业规模和高直接渠道比重的情境中，则对实现高跨渠道整合无关紧要。组态研究结果不仅为单个变量的作用情境提供了补充说明，更有助于调和回归分析中的分歧，促进研究间的相融相通。

综上所述，组态分析呈现的多因素并发、等效路径、因果非对称性关系等结果，全面展现了跨渠道整合在复杂的多渠道营销情境中的作用和实施条件，也说明本研究用组态视角去探索跨渠道整合问题是有价值的。

第7章

结论与展望

本书从制造企业的视角围绕着跨渠道整合这一核心变量，探究了三个问题，即制造企业跨渠道整合量表的开发和检验、制造企业跨渠道整合与渠道多元化等因素的联动作用对企业绩效的影响研究，以及制造企业跨渠道整合的前因组态研究。本章对前述三个研究的主要发现进行总结，并讨论了研究创新点、理论意义和实践启示，最后指出研究过程中存在的不足以及未来可能的研究方向。

7.1 研究结论

如何通过跨渠道整合发挥多渠道营销的协同效应提升企业绩效，是业界和学术界共同关注的话题。跨渠道整合是渠道之间保持信息一致、共享和协作的一种互动方式，且与渠道多元化、跨渠道冲突、渠道差异化间存在相互影响。然而，在研究跨渠道整合与企业绩效的关系时，已有研究仅关注了跨渠道整合对企业绩效的独立影响，忽视了跨渠道整合与渠道多元化等相关因素的联动作用对企业绩效带来的影响。这不利于发现跨渠道整合与企业绩效间存在的非线性关系，也难以识别跨渠道整合等多因素联动所形成的提升企业绩效的多元化路径。在跨渠道整合的前因研究中，已有文献发现环境、组织资源和多渠道结构对跨渠道整合产生影响，且这些前因条件之间也存在关联性。然而，已有研究基于回归分析方法，仅关注了前因条件中单个变量与跨渠道整合间的“净效应”或前因条件中两个变量的交互效应对跨渠道整合的影响，缺乏关注对跨渠道整合结果和前因中多因素联动作用的关注。这不利于解释多渠道营销中多因素相互关联、互为因果的复杂现象，也很难发现变量之间存在的复杂因果关系。此外，已有研究也缺乏从制造企业的视角下探讨跨渠道整合的文献，这严重脱离制造企业高度重视跨渠道整合的营销实践。究其原因，缺乏一个可靠的制造企业跨渠道整合的测量量表是一个重要的阻碍。为了弥补这些缺陷，本书进行了三项研究，首先开发和检验制造企业跨渠道整合的测量量表，随后基于复杂系统理论和开放系统理论的逻辑，结合多渠道营销文献构建和检验制造企业跨渠道整合的后果和前因两个组态模型。表 7－1 总结了本书三个研究的主要结论。

表 7－1　主要研究结论概览

	主要研究结论	
研究一	1. 制造企业跨渠道整合是一个构成性量表； 2. 制造企业跨渠道整合包含跨渠道一致性、跨渠道共享性、跨渠道协作性三个维度	
	定性比较分析结论	回归分析结果
研究二	1. 跨渠道整合、渠道多元化、渠道差异化、跨渠道冲突不构成高企业绩效的必要条件； 2. 三种组态类型：跨渠道整合主导型、渠道多元化主导型和渠道差异化主导型；	1. 跨渠道整合正向影响企业绩效； 2. 渠道多元化、渠道差异化、跨渠道冲突与企业绩效间关系不显著
研究三	1. 两种组态：多渠道结构主导型、环境-资源主导型； 2. 在环境-资源主导型组态中，渠道多元化和直接渠道比重对于提升跨渠道整合程度具有替代作用； 3. 在多渠道结构主导型中，企业规模和 IT 能力对于提升跨渠道整合程度具有替代作用	1. IT 能力正向影响跨渠道整合 2. 渠道多元化、直接渠道比重、企业规模、环境动荡性与跨渠道整合间关系不显著

研究一开发与检验制造企业跨渠道整合的量表，这是开展后续研究的一个基础性工作。研究结论显示：①制造企业跨渠道整合量表是一个构成性量表，包括跨渠道一致性、跨渠道共享性和跨渠道协作性三个维度，而每个维度又是一个多题项的反映性量表；②制造企业的跨渠道一致性，主要通过品牌、商标、服务形象和产品说明等传播信息来体现，与零售企业侧重价格和促销的一致性并不相同；③跨渠道整合的三个维度对企业绩效的影响不同，三个维度可以作为独立的多渠道策略来使用。

研究二探讨跨渠道整合、渠道多元化、渠道差异化、跨渠道冲突的联合作用与企业绩效间的关系。首先，跨渠道整合、渠道多元化、渠道差异化和跨渠道冲突并不构成实现高企业绩效的必要条件，也就是说多渠道营销情境中缺少其中的任何一个条件仍然有可能实现高企业绩效。这意味着，虽然制造企业在渠道多元化等方面存在差异，但是并不阻碍这些企业通过提高跨渠道整合等多渠道营销策略的方式，发挥多因素的组态效应促进企业绩效提升。其次，研究二发现三种实现高企业绩效的组态类型，即“跨渠道整合主导型”“渠道多元化主导型”“渠道差异化主导型”。制造企业跨渠道整合在不同的组态类型中对企业绩效的影响不同。在“跨渠道整合主导型”组态中，跨渠道整合发挥核心作用，可以理解为在跨渠道冲突程度高的多渠道营销情境中，跨渠道整合对于提升企业绩效至关重要。在“渠道多元化主导型”组态中，跨渠道整合发挥辅助作用，可以理解为在渠道多元化程度高的多渠道营销情境中，跨渠道整合对于提升企业绩效起到辅助作用。在“渠道差异化主导型”组态中，跨渠道整合并没有出现，可以理解为在渠道多元化和渠道差异化程度高，且跨渠道冲突程度低的多渠道营销情境中，跨渠道整合对于提升企业绩效而言发挥的作用有限。最后，渠道多元化、跨渠道冲突与企业绩效之间存在着因果非对称性关系，也就是说在不同的组态中它们既会带来高绩效，也会带来低绩效。具体来说：在高渠道差异化和低跨渠道冲突情境中，渠道多元化程度高有助于实现高企业绩效；在跨渠道整合程度高的情境中，渠道多元化程度高有助于实现高企业绩效；在高跨渠道冲突和低跨渠道整合的情境中，渠道多元化程度高则会带来低企业绩效；在高跨渠道整合情境中，高跨渠道冲突也可以实现高企业绩效；在低跨渠道整合和高渠道多元化情境中，高跨渠道冲突会导致低企业绩效。研究二表明，跨渠道整合与制造企业绩效之间并不是简单的线性关系，跨渠道整合在渠道之间的矛盾比较突出，或者企业采用的渠道类型较多的情境中，能够发挥更好的协同作用提升企业绩效。因此，在多渠道营销情境中，管理者要结合多渠道结构和渠道间的关系状态来实施跨渠道整合。

研究三探讨跨渠道整合的前因，构建了一个包含技术因素（IT 能力）、环境因素（环境动荡性）、组织因素（企业规模、渠道多元化和直接渠道比重）的组态模型。首先，渠道多元化、直接渠道比重、企业规模、IT 能力和环境动荡性并不构成跨渠道整合的必要条件，即制造企业缺少其中任何一个因素也可能实现高跨渠道整合。这意味着，制造企业虽然在企业规模和 IT 能力方面存在差异，但这并不阻碍这些企业通过匹配适合的渠道多元化、直接渠道比重等方式实现高的跨渠道整合。其次，研究三发现两类实现高跨渠道整合的组态，即“多渠道结构主导型”和“环境-资源主导型”。通过组态分析发现，多渠道策略和组织资源对于实现高跨渠道整合互为补充。具体来说，制造企业具备规模和 IT 能力双重优势时，采用渠道多元化或增加直接渠道比重都有助于实现高跨渠道整合。如果制造企业仅具备规模和 IT 能力中某一个优势，则需要发挥渠道多元化和直接渠道的联合作用才能实现高跨渠道整合。再次，研究三发现在不同组态中，企业规模和 IT 能力、渠道多元化和直接渠道比重具有替代、互补和既替代也互补的复杂关系。在“多渠道结构主导型”组态中，渠道多元化和直接渠道比重对于提升跨渠道整合程度具有互补作用——两个因素总是同时作为核心条件出现在不同组态中；企业规模和 IT 能力具有替代作用——两个因素分别出现在其他条件相同的组态中。在“环境-资源主导型”组态中，企业规模和 IT 能力对于提升跨渠道整合程度具有互补作用，渠道多元化和直接渠道比重具有替代作用。从整个高跨渠道整合组态来看，这种因素间的既替代也互补作用都存在。最后，渠道多元化和直接渠道比重与跨渠道整合存在非因果对称关系。比如，如果企业规模小且缺乏 IT 能力，渠道多元化会降低跨渠道整合程度；如果市场环境稳定且企业渠道多元化程度高，企业的多渠道策略将更多地依赖直接渠道而非跨渠道整合。该研究结论表明：规模大且 IT 能力突出的制造企业可以利用渠道多元化或者增加直接渠道的比重来助力跨渠道整合；而仅具备规模优势的企业，或仅具备技术优势的小规模制造企业则可以在多元化的直接渠道中实现高跨渠道整合。因此,在实施跨渠道整合时,制造企业管理者要重视环境、资源和策略的匹配与联动作用。

本研究针对研究二和研究三采用回归分析方法做了事后检验,并与组态分析结果进行了对比。回归分析结果与已有研究发现相似,呈现了变量间的线性关系,如跨渠道整合正向影响企业绩效。组态分析的结果则呈现多因素并发、等效路径、因果非对称性关系等特点,反映了制造企业跨渠道整合在所处的复杂多渠道营销情境中的作用和实施条件的复杂性。这说明用组态分析的方法探索制造企业跨渠道整合问题有其特殊意义,能够更真实地反映和描述制造企业跨渠道整合管理实践的现实。

7.2 创新点

本研究的创新点主要集中于以下三个方面。

第一,探讨了制造企业跨渠道整合与渠道多元化、渠道差异化、跨渠道冲突的联动作用对企业绩效的影响,发现多个提升企业绩效的组态。已有研究检验了跨渠道整合对企业绩效的独立影响,关注的是两者间的"净效应"。然而,制造企业的多渠道营销环境是复杂的,多渠道结构和多渠道之间的合作关系相互影响、相互制约。已有研究忽视这种复杂情境中多变量的联动作用和复杂关系,是存在缺陷的。本研究基于复杂系统理论的观点,认为多因素间相互依赖且可以演化出多元化路径实现目标。结合已有研究发现,跨渠道整合与渠道多元化、跨渠道冲突、渠道差异化之间存在相互影响的关系,本研究构建了包含上述四个条件变量的组态模型。本研究的研究结果确认了跨渠道整合与渠道多元化、跨渠道冲突和渠道差异化可以构成三个不同的组态触发高企业绩效,并发现在不同组态中跨渠道整合发挥核心作用、辅助作用和无关紧要作用。

第二,构建了包含市场环境、组织资源和多渠道营销因素的前因研究框架,检验了多因素的联动效应对跨渠道整合的影响。已有研究讨论了企业规模、IT 能力、渠道多元化对跨渠道整合的独立影响,少数研究讨论了环境因素与组织资源的交互作用对跨渠道整合的影响。依据开放系统理论的观点,多渠道营销系统内部依靠从外部环境中获取动力来进行内部的演化运行,维持整个系统的稳定和发展。已有研究虽然发现环境和资源对多渠道营销策略具有影响，但并未关注多个相互关联条件间的联动效果，很难回答环境-资源-策略如何匹配联动这种更为具体的现实问题。本研究检验的是环境动荡性、企业规模、IT 能力、渠道多元化和直接渠道比重的联动作用对跨渠道整合的影响，发现这些因素并不是实现高跨渠道整合的必要条件，它们的联动作用可以形成四个实现高跨渠道整合的组态，在不同组态中资源-环境-多渠道结构具有不同的匹配形态，以及在不同组态中单个因素的作用存在差异。这些研究结论区别于简单的积极或消极作用的结论，对现实环境进行了更综合的考量。

第三，按照量表开发的流程，提出了制造企业跨渠道整合的构成维度和测量题项，并进行了实证检验，完成了制造企业跨渠道整合量表开发工作，为后续的研究奠定了基础。它与已有零售企业视角下跨渠道整合量表的差异有三个方面：量表类型不同、测量维度不同、测量内容不同。已有研究更多关注了零售企业和消费者视角下的跨渠道整合，把跨渠道整合视为一个反映性量表，在测量维度上尤其强调多条渠道之间的一致，较多研究仅用一致性来衡量跨渠道整合。本研究发现，制造企业跨渠道整合包含跨渠道一致性、跨渠道共享性和跨渠道协作性三个维度，而每一个维度又是一个多题项的反映性量表。该量表具有较好的信度、表面效度、内容效度、收敛效度、区别效度和工具效度，可以作为未来进行相关研究的一个测量工具。

7.3　理论意义

本研究的理论贡献体现在以下几个方面。

第一，区分并揭示了跨渠道整合与渠道多元化等相关因素所构成的多种提升制造企业绩效的等效组态，发现跨渠道整合提升制造企业绩效的多元化路径。已有研究也发现了跨渠道整合与渠道多元化、跨渠道冲突、渠道差异化之间存在相互关联，这意味着跨渠道整合改变的同时，这些相关因素也会随之发生改变。比如，渠道多元化程度越高，跨渠道冲突也越明显，而跨渠道整合程度也越高（赵星宇 等，2021a；卢亭宇 等，2021a）；跨渠道冲突会阻碍渠道之间的协作，跨渠道冲突也会打破渠道之间的稳定，促进跨渠道整合（Fürst et al.，2016；董维维 等，2022）；渠道差异化可以改善跨渠道冲突的强度，但渠道差异化也会导致渠道之间难以协作（Fürst et al.，2016）。

然而，在探究跨渠道整合与企业绩效间关系时，已有研究仅关注了跨渠道整合对企业绩效的独立影响，发现两者间存在正向或倒 U 形关系（卢亭宇 等，2023；Cao et al.，2015；崔兴文 等，2021）。已有研究未关注跨渠道整合与相关因素的联合作用，难以发现跨渠道整合与不同因素互动和匹配形成的差异化组合，无法得到通过跨渠道整合提升企业绩效的多元化路径这种重要发现。此外，仅关注变量间的独立影响，会使得跨渠道整合与企业绩效间可能存在的独特效应被相关变量掩盖，不利于发现跨渠道整合与企业绩效间的复杂关系。根据复杂系统理论的观点，经济系统具有多因素相互依赖的复杂特性，探究多因素间复杂关系问题需要采取“组合”思维等新方法（杜运周 等，2022）。而要分析这些相互依赖的变量间“组合”效应对企业绩效的影响，QCA 方法是目前有效的方法（杜运周 等，2017）。本研究的研究结果表明，跨渠道整合、渠道多元化、渠道差异化和跨渠道冲突形成了三种类型的组态触发企业绩效，即跨渠道整合主导型、渠道差异化主导型和渠道多元化主导型。跨渠道整合在这三种组态中，发挥核心作用、辅助作用或无关紧要作用。这些新的研究发现，不仅弥补了已有研究的不足，也对跨渠道整合等多渠道营销策略的差异化作用进行了细致的分析，完善了已有研究内容。此外，本研究也拓展了复杂系统理论的应用范围，为跨渠道整合未来研究提供新思路。

本研究对于已有研究中分歧的研究结论进行了补充说明，有助于于现有文献间的对话，具体内容如表 7-2 所示。已有研究基于回归分析所发现的变量间的统一对称关系，常常被其他研究所否定，导致研究结论的不一致。比如，跨渠道整合与企业绩效间呈倒 U 形关系或正向关系（卢亭宇 等，2023；Cao et al.，2015；崔兴文 等，2021）；渠道多元化与企业绩效间呈正向或非线性关系（Du，2018；Käuferle et al.，2015）；企业规模与跨渠道整合不相关或负相关（Cao et al.，2018；Luo et al.，2016）。出现这种分歧的一个很重要原因，是缺乏相互依赖变量的联动效应的分析（杜运周 等，2017）。本研究弥补了这种不足，关注多因素的联动效应，采用 QCA 方法检验了多因素联动形成的多元化组态。本研究发现，跨渠道整合与企业绩效之间并不是简单的线性关系，在实现高企业绩效的不同组态中跨渠道整合发挥着核心作用、辅助作用或无关紧要作用。渠道多元化与企业绩效间存在因果非对称性关系，即在跨渠道整合程度高的情境中渠道多元化会对企业绩效产生积极作用，在跨渠道冲突程度高且渠道差异化程度高的情境中会对企业绩效产生消极作用。

表 7－2　结论的对比（研究二）

已有研究结论	本研究组态研究结论
跨渠道整合正向影响企业绩效（卢亭宇 等，2023；Cao et al.，2015；Timoumi et al.，2022） 跨渠道整合与企业绩效呈倒 U 形关系（崔兴文 等，2021）	在高跨渠道冲突的情境中，高跨渠道整合是触发高企业绩效的核心条件；在高渠道多元化情境中，高跨渠道整合是触发高企业绩效的辅助条件；在高水平渠道差异化和低水平跨渠道冲突的情境中，跨渠道整合对于触发高企业绩效并不重要
跨渠道冲突负向影响企业绩效（卢亭宇 等，2023）	高跨渠道冲突、高渠道多元化和非高跨渠道整合情境可以触发非高企业绩效；高跨渠道冲突、高渠道差异化和非高跨渠道整合情境可以触发非高企业绩效
跨渠道冲突和跨渠道整合间存在双刃剑效应（董维维 等，2022）	高跨渠道整合和高跨渠道冲突可以触发高企业绩效

第二，区分并揭示了提升制造企业跨渠道整合程度的多个等效前因组态，发现不同组态中环境、组织资源与多渠道结构间的关系，深化了跨渠道整合前因研究。已有研究发现环境动荡程度高促使企业采用更多类型的渠道（Kabadayi et al.，2007），渠道多元化也会因企业资源禀赋和能力不同而存在差异（Gao，2018），市场环境和消费者特征影响企业直接渠道的比重等（Sa Vihas et al.，2005）。这表明环境、组织资源与多渠道营销因素之间存在相互影响，然而已有研究仅关注了其中单个因素或两个因素交互作用对跨渠道整合的影响，多因素如何联动助力跨渠道整合尚未可知。本研究基于开放系统理论构建了跨渠道整合前因研究的框架，检验了环境动荡性、企业规模、IT 能力、渠道多元化和直接渠道比重的联动对跨渠道整合的影响，发现两类触发高跨渠道整合的组态，即多渠道结构主导型和资源-环境主导型。在不同类型的高跨渠道整合组态中，企业规模和 IT 能力、渠道多元化和直接渠道比重之间存在替代效应和互补效应。具体来说：在高渠道多元化和高直接渠道比重的多渠道营销情境中，企业规模和 IT 能力对于提升跨

渠道整合程度而言发挥替代作用；在仅具备高渠道多元化或高直接渠道比重的多渠道营销情境中，企业规模和 IT 能力具有互补作用。本研究还发现，渠道多元化与跨渠道整合间存在因果非对称性关系，即渠道多元化可以带来高跨渠道整合，也可以带来低跨渠道整合。这些研究发现为组态视角下探究跨渠道整合的结果和前因提供了新思路。

前因研究中的新发现对已有关于跨渠道整合因素研究中的分歧结论，给予了进一步的说明，调和了已有研究中的分歧。本研究发现在高渠道多元化、高直接渠道比重和高 IT 能力的情境中，企业规模对跨渠道整合的影响作用不大；在相对稳定的市场环境中，直接渠道比重高但渠道多元化程度低的制造企业，即使企业规模大也会触发低水平跨渠道整合。已有研究结论和本研究结论的对比，如表 7 - 3 所示。

表 7 - 3 结论的对比(研究三)

已有研究结论	本研究组态研究结论
企业规模与跨渠道整合不相关(Cao et al.，2018，张广玲 等，2017) 企业规模与跨渠道整合负相关(Luo et al.，2016)	在渠道多元化程度高且以直接渠道为主的多渠道结构中，具备较强 IT 能力的企业，企业规模对触发高水平跨渠道整合无关紧要
IT 能力与跨渠道整合正相关(Cao et al.，2018)	在渠道多元化程度高且以直接渠道为主的多渠道结构中，IT 能力和企业规模具有替代效应
渠道多元化与跨渠道整合正相关(卢亭宇 等，2023)	①具备企业规模优势或 IT 能力优势的企业，在直接渠道比重高的多渠道结构中，渠道多元化能触发高跨渠道整合。②在不具备规模优势和 IT 能力优势的企业中，高水平渠道多元化会触发低水平跨渠道整合
环境动荡性正向影响渠道多元化(Kabadayi et al.，2007)	高动荡的市场环境与高水平 IT 能力匹配的企业更容易实现高渠道多元化

第三，基于制造企业视角，开发和检验了跨渠道整合量表，为制造企业跨渠道整合的前因和结果研究奠定基础。具体来说，研究一所做的量表开

发有三点意义。①为制造企业跨渠道整合研究提供了一个可靠的测量工具,明确了制造企业跨渠道整合的测量维度和测量内容,有助于此后制造企业跨渠道整合研究的深入。②本研究发现的跨渠道整合的三个维度有助于把现有零售企业情境中的跨渠道整合的不同测量内容进行归类,重新审视已有研究内容,推进现有研究结果之间的相融和对话。例如,有些学者研究零售企业视角下的跨渠道整合,使用的量表维度不同,但内容上都包含了跨渠道一致性和协作性两个方面(Oh et al.,2016;吴锦峰 等,2016;张广玲等,2017)。本研究把零售企业和消费者情境中的有关跨渠道整合结果的部分研究进行归类后形成表 7－4,可以更加清晰地观察到异同点,让维度虽然不同但内容上相近的研究便于进行对话。③拓展了跨渠道整合的研究思路。在进行工具效度检验时发现:跨渠道共享性与企业绩效间关系不显著,但对跨渠道合作关系有正向影响;跨渠道协作性与跨渠道合作关系不显著,与企业绩效间关系正向显著。这表明如果把跨渠道整合的每个维度作为独立变量,即跨渠道策略去使用,有助于发现更多有趣的问题。这些问题将从理论层面丰富多渠道营销领域的研究内容,也把对跨渠道整合的研究拓展到跨渠道策略,例如跨渠道一致性策略、跨渠道共享策略或还可能组合成跨渠道一致共享策略等。

表 7－4　零售企业和消费者视角下跨渠道整合研究归类

跨渠道整合维度	结果变量名称	文献
一致性、协作性	开发能力(＋)、探索能力(＋)、渠道协同(＋)、管理行为类型(不相关)	Oh 等(2012)、Wu 等(2015)
	企业绩效(一致性正向影响、协作性与其不相关)、消费者忠诚度(＋)、品牌态度(＋)、渠道沟通质量(＋)、跨渠道保留(＋)、网店感知服务质量(＋)	Luo 等(2016)、胡雯雯等(2019)、Lee 等(2010)、吴锦锋等(2016)、周飞等(2017)、汤定娜等(2018)
协作性	管理行为复杂性(＋)、管理行为异质性(＋)、购买频率(＋)、购买金额(＋)	Luo 等(2016)、Song 等(2020)
一致性、共享性、协作性及其他	销售收入(＋)、成本效率(＋)	Cao 等(2015)、Tagashira 等(2019)

7.4 实践启示

随着多渠道营销的常态化，制造企业也越来越多地关注和实施跨渠道整合来实现多渠道的协同发展。本研究的研究结论有助于制造企业更加全面地理解跨渠道整合的作用和实施条件，对于有效地开展跨渠道整合具有重要的现实意义。

首先，对多渠道管理人员实施跨渠道整合提升企业绩效方面的启示有三点。①在多渠道营销情境下，制造企业拥有的多渠道数量、类型以及不同渠道之间的合作关系状态都有差异，这种差异会影响企业的跨渠道整合策略选择和作用大小，并由此影响制造企业通过多渠道获利。具体来说，在多渠道之间矛盾冲突比较明显的情况下，制造企业可以通过调整多渠道成员间的销售、传播、服务等功能，让多渠道成员之间保持信息的一致，加强彼此间的销售信息、库存信息共享，让不同渠道成员能够进行更多的协作，可以弱化跨渠道冲突带来的负面影响，帮助企业从多渠道中获利。还有一种情况是，制造企业营销渠道类型丰富，同时渠道之间的整合程度高，此时多渠道之间的冲突无论高低都不会影响企业通过多渠道获益。上述两种情境意味着，制造企业在渠道数量和类型较多，或已有多渠道之间的冲突比较凸显的情况下，渠道管理人员要重视和利用跨渠道整合的作用。②渠道差异化也是一种有效管理多渠道的方式，在高渠道多元化和低跨渠道冲突的情境中，可以提升企业绩效。虽然近年来线上线下融合成为业界的流行趋势，但企业也可以根据自身市场状况、产品特征等情况，做好不同渠道间的市场区隔或产品细分差异化，降低多渠道成员冲突的同时也可以带来绩效的提升。③制造企业使用渠道多元化策略并不总是可以提升企业绩效。丰富的渠道类型虽然能拓展市场范围、满足消费者需求，但也会带来更多的多渠道冲突问题而降低绩效，存在着双刃剑的效应。因此，制造企业要把重点放在渠道的选择和管理上，而不是浪费过多资源和精力去追求渠道类型的多样。此外，多渠道成员间的冲突是不可避免的，跨渠道冲突对提升企业绩效有消极影响，但也有积极作用。通过发挥跨渠道整合的协同作用，即使在渠道之间矛盾较明显的情境中也可以提升绩效。

其次，在制造企业提升跨渠道整合程度方面有两点启示。①本研究的结果表明，制造企业实施跨渠道整合并不能仅仅依赖某一种资源的助力，要考虑资源与策略的匹配，合理发挥制造企业拥有资源的价值。本研究发现了几种匹配组态：具有强大 IT 能力的公司可以通过增加多渠道系统中直接渠道的比重来实现高跨渠道整合；大型企业在多元化渠道体系中扩大直接渠道的比重，可能有助于它们加强跨渠道整合；在消费者需求不稳定且难以预测的动态环境中，企业需要规模庞大，拥有 IT 优势，并增加直接渠道的比重，才更有助于实现高跨渠道整合；拥有大型规模和 IT 优势的公司可能会选择多样化渠道类型，因为在这种情况下，它们仍然能够实现高跨渠道整合。然而，当与环境和资源不一致时，它们会降低跨渠道整合程度，并引发与消费者沟通的困难和渠道之间的冲突。这提醒管理者在实施跨渠道整合时，要特别注意资源、环境和多渠道结构的匹配度。②直接渠道很容易会让管理人员误以为更易于实施跨渠道整合；而本研究提醒渠道管理人员，如果所处的环境是相对稳定的，即使是在直接渠道内部企业也很难有动力进行跨渠道整合。③资源的作用在很多研究中被广泛讨论，企业规模和 IT 能力也在营销渠道研究中经常出现。本研究提醒渠道管理人员注意，即使是规模优势和技术优势都具备的企业，依然可能面临跨渠道整合困难，从而导致跨渠道整合的程度较低。在访谈的案例中，也不乏一些知名服装、汽车、日化产品生产企业，由于渠道类型过多给多渠道管理带来太多负担，导致监管不力，引发跨渠道冲突严重的现象。这些企业的受访者表示，在渠道类型过多、矛盾冲突严重的情况下，很难去整合协同各条渠道。这种情况，在调研的一些非制造企业，如电信和银行等服务行业中也同样存在。

最后，在制造企业实施跨渠道整合方面有几点启示。①目前零售企业视角下的研究强调“一致”，这可能会让制造企业也强调“一致”而忽略了“一致”适用的情境。制造企业渠道管理人员要正确判断渠道间保持一致的问题，在自营渠道中线上和线下适合实施“同促同价”，而其他不同类型渠道间则更适合保持传播信息的一致。②信息共享是制造企业跨渠道整合的重要内容，制造企业不同渠道之间保持订购信息、物流信息、库存信息等内容的共享，有助于多渠道之间更好地合作，保持良好的合作氛围和合作关系。③本研究提醒制造企业营销管理人员，实施跨渠道整合包含了渠道间一致、共享和协作三种措施，它们共同构成跨渠道整合从而确保实现多渠道的协同效应，任何片面强调某一种措施的做法都很难真正发挥跨渠道整合的价值。在实践中制造企业跨渠道整合的这三个构成维度可能存在程度上的差异，不同维度的组合可以形成不同的跨渠道整合策略。如，跨渠道一致和协作策略、跨渠道一致和共享策略等，这给制造企业灵活地实施跨渠道整合提供更多参考。

7.5 研究局限与未来研究展望

本研究对跨渠道整合的构成维度、前因和结果进行了深入探索，丰富了该领域的研究内容，为制造企业实施跨渠道整合和通过跨渠道整合提升企业绩效提供了指导意见。然而，受客观条件与笔者能力所限，本研究仍存在一定的局限性，值得未来继续探索。

第一，在前因和结果研究中，受限于研究方法，不能纳入更多的关键变量，比如渠道蚕食、渠道复杂性、多渠道投入、行业竞争度、竞争压力、组织的财务资源、竞争战略等。因为 QCA 方法处理条件变量的个数增加后，结果会呈指数级增加，其中反事实分析结果较多，且最终的组态结果也会因为过于复杂而难以梳理出有价值的逻辑关系。一般处理条件变量不超过 7 个。在未来研究中，可以延续本研究的思路，进一步将其他变量纳入结果和前因的研究模型中，从不同角度考察多因素的互动影响和联合作用对企业绩效的影响，以及跨渠道整合的前因组态。此外，在前因研究中，在高水平跨渠道冲突的组态结果中，没有出现前因条件缺失的结果，这不利于识别哪些条件是不重要的，这可能与本章中 PRI 阈值稍低有关，建议未来研究注意这个问题。

第二，由于研究条件的限制，本研究只通过调查问卷的方式从制造企业一方获取数据。虽然在营销渠道研究领域这一做法受到大家的普遍认可，而且获得的数据也能在一定程度上反映制造企业的感知和行为，但我们并不能确定这与现实情况以及渠道成员的感知和行为是否完全一致。鉴于研究条件的限制，在营销渠道研究中很难获取制造企业与渠道成员的配对数据或实验数据，即使是配对数据或实验数据也不能完全确保与客观现实无偏差。此外，虽然本研究采用两种方法对共同方法偏差进行了检验，但仅从制造商处收取数据，仍然会存在共同方法偏差影响研究结论的情形。因此，在未来的研究中仍需要采用不同的数据来源，如二手数据、不同时间点的截面数据等，解决制造企业与渠道成员感知和行为差异的问题，进一步提升研究结果的可靠性和准确性。

第三，本研究在深度分析方面仍然存在欠缺。本研究依据研究二和研究三的 QCA 结果分别提出了相关研究命题，并结合样本案例进行了举例分析。但是与其他 QCA 大样本研究一样，本研究在深入分析样本方面存在不足。事实上本研究在访谈中，围绕跨渠道整合的实施和作用等问题发现了很多有价值的内容，但鉴于深度访谈在数量上受限，加之即使归纳出研究模型也因变量过多很难使用 QCA 方法进行检验。因此，本研究内容虽然结合了访谈中的发现，但模型的构建多以已有文献作为基础，在提炼和研究新的现实问题方面存在欠缺。下一步的研究将围绕中国制造企业跨渠道整合中出现的问题，进一步通过扎根方法进行深入分析，贴近中国企业的现实问题。

第四，本研究虽然开发并检验了制造企业跨渠道整合的三个构成维度，但依然可能存在没有观察到的维度。比如，不同类型渠道间存在互补性，而本研究在量表开发过程中并没有识别出该维度，这可能和访谈样本量有限有关，未来仍然可以在扩大样本量之后进一步检验。

参考文献

盎司财经，2020. 打造线上线下一体化销售体系，格力电器重塑渠道战略的底层逻辑[EB/OL]. (2020－06－12)[2023－05－10]. https://www.163.com/dy/article/FEUQMJ070519B3CO.html.

蔡莉，尹苗苗，2009. 新创企业学习能力、资源整合方式对企业绩效的影响研究[J]. 管理世界(10)：1－10.

崔维军，孙成，傅宇，等，2019. 政策不确定性与企业双元创新行为选择："激流勇进"还是"循序渐进"[J]. 科学学与科学技术管理，40(11)：68－81.

崔兴文，史亚莉，2020. 实体零售商跨渠道整合的演进过程研究[J]. 软科学，34(12)：134－139.

崔兴文，史亚莉，2021. 跨渠道整合对实体零售商经济绩效的影响[J]. 软科学，35(8)：139－144.

董维维，陆清妍，2022. 渠道冲突强度对跨渠道整合的影响研究：渠道流畅性和稳定性的中介作用[J]. 商业经济研究(16)：117－123.

杜尔，2022. 必要条件分析法[M]. 杜运周，等译. 上海：格致出版社.

杜运周，贾良定，2017. 组态视角与定性比较分析(QCA)：管理学研究的一条新道路[J]. 管理世界(6)：155－167.

杜运周，李佳馨，刘秋辰，等，2021. 复杂动态视角下的组态理论与 QCA 方法：研究进展与未来方向[J]. 管理世界(3)：180－197.

杜运周，刘秋辰，陈凯薇，等，2022. 营商环境生态、全要素生产率与城市高质量发展的多元模式：基于复杂系统观的组态分析[J]. 管理世界(9)：127－144.

杜运周，刘秋辰，程建青，2020. 什么样的营商环境生态产生城市高创业活跃度?：基于制度组态的分析[J]. 管理世界(9)：141－154.

高伟，刘益，李雪，2019. 全渠道购物体验与品牌忠诚、品牌资产关系研究：全渠道一致性与无缝性的调节作用[J]. 工业工程与管理，24(4)：174－180.

胡雯雯,孙剑,黄梦思,等,2019.组织学习能力、线上线下渠道整合质量对企业绩效的影响:基于238家生鲜零售企业的调查[J].软科学,33(8):138-144.

黄宏伟,1995.整合概念及其哲学意蕴[J].学术月刊(9):12-17.

拉金,2019.重新设计社会科学研究:模糊集及超越[M].杜运周,等译.北京:机械工业出版社.

李飞,李达军,孙亚程,2018.全渠道零售理论研究的发展进程[J].北京工商大学学报(社会科学版),33(5):33-40.

李辉,2017.必要条件分析方法的介绍与应用:一个研究实例[J].中国人力资源开发(6):64-74.

李永发,2020.定性比较分析:融合定性与定量思维的组态比较方法[J].广西师范大学学报(哲学社会 科学版),56(3):89-110.

里豪克斯,拉金,2017.QCA设计原理与应用:超越定性与定量研究的新方法[M].杜运周,李永发,等译.北京:机械工业出版社.

林强,郭恒嘉,李文卓,等,2022.BOPS全渠道下电商平台的优惠券投放策略[J].中国管理科学(9):1-15.

刘露,2020.全渠道O2O整合质量、渠道服务与使用经验对流畅性的影响研究[J].商业经济研究(6):63-66.

刘益,崔海涛,束晟,2023.移动互联网情境下的全渠道营销研究[J].营销科学学报,3(1):2-17.

卢亭宇,庄贵军,2021a.渠道多元化对跨渠道冲突和企业绩效的影响[J].管理学报,18(11):1679-1685.

卢亭宇,庄贵军,2021b.网购情境下消费者线下体验行为的扎根研究[J].管理评论,33(7):190-202.

卢亭宇,庄贵军,2023.渠道多元化对跨渠道整合与冲突的作用[J].营销科学学报,3(2):37-55.

卢亭宇,庄贵军,丰超,等,2017.O2O情境下的渠道迁徙路径与在线信息分享[J].西安交通大学学报(社会科学版),37(5):40-48.

罗胜强,姜嬿,2014.管理学问卷调查研究方法[M].重庆:重庆大学出版社.

钱丽萍,王懿瑶,薛佳奇,等,2023.基于开放系统视角探索跨渠道整合的前因与结果[J].珞珈管理评论(2):100-121.

任成尚,2018.全渠道整合对消费者满意度的影响研究:基于消费者感知赋权的视角[J].上海管理科学,40(1):29-33.

沙振权,梁韵莹,2015.多渠道整合质量在顾客跨渠道保留中的作用研究[J].商业经济研究(29):54-56.

盛昭瀚,于景元,2021.复杂系统管理:一个具有中国特色的管理学新领域[J].管理世界,37(6):36-50.

司银元,孟庆良,杨文胜,等,2023.基于消费者渠道偏好与电子优惠券投放的全渠道定价策略[J].系统管理学报,32(6):1142-1163.

宋华,卢强,2017.什么样的中小企业能够从供应链金融中获益?:基于网络和能力的视角[J].管理世界(6):104-121.

汤定娜,廖文虎,许冬,2018.多渠道整合质量对消费者线上购买意愿的影响研究[J].价格理论与实践(1):154-157.

唐恢一,2013.系统学:社会系统科学发展的基础理论[M].上海:上海交通大学出版社.

吴锦峰,常亚平,侯德林,2016.多渠道整合对零售商权益的影响:基于线上与线下的视角[J].南开管理评论,19(2):170-181.

张闯,鄂嫚迪,顾芳,2020.渠道建言:多层面驱动因素及其对渠道绩效的影响[J].南开管理评论,23(2):167-178.

张广玲,刘晨晨,王辉,等,2017.制度压力与跨渠道整合程度关系研究:企业能力的调节作用[J].营销科学学报,13(2):107-126.

张明,陈伟宏,蓝海林,2019.中国企业"凭什么"完全并购境外高新技术企业:基于94个案例的模糊集定性比较分析(fsQCA)[J].中国工业经济(4):117-135.

张明,杜运周,2019.组织与管理研究中QCA方法的应用:定位、策略和方向[J].管理学报,16(9):1312-1323.

张沛然,黄蕾,卢向华,等,2017.互联网环境下的多渠道管理研究:一个综述[J].经济管理,39(1):134-146.

张玉利,吴刚,2019.新中国70年工商管理学科科学化历程回顾与展望[J].管理世界,35(11):8-18.

赵菊,程薇嘉,邱菊,等,2022.考虑跨渠道退货的BOPS全渠道策略[J].系统工程学报，37(1)：104－116.

赵星宇，2022. 渠道多元化对跨渠道和跨组织关系的影响研究[D]. 西安：西安交通大学.

赵星宇，庄贵军，2021a. 制造商渠道多元化与跨渠道冲突：企业规模和跨渠道整合的调节作用[J]. 商业经济与管理(7)：44－54.

赵星宇，庄贵军，2021b. 渠道多元化对制造商-经销商之间合作关系的影响[J]. 管理学报，18(1)：110－117.

周飞，冉茂刚，沙振权，2017. 多渠道整合对跨渠道顾客保留行为的影响机制研究[J]. 管理评论，29(3)：176－185.

庄贵军，2018. 营销渠道管理[M]. 3 版. 北京：北京大学出版社.

庄贵军，李苗，凌黎，2015. 网络交互能力的量表开发与检验[J]. 管理学报，12(9)：1369－1378.

庄贵军，李汝琦，丰超，等，2019. IT 能力、渠道治理与企业间协作[J]. 系统管理学报，28(3)：467－475.

AKTURK M S，KETZENBERG M，HEIM G R，2018. Assessing impacts of introducing ship-to-store service on sales and returns in omnichannel retailing：a data analytics study[J]. Journal of Operations Management，61：15－45.

ANDERSON J C，GERBING D W，1988. Structural equation modeling in practice：a review and recommended two-step approach[J]. Psychological Bulletin，103(3)：411－423.

ARTHUR W B，2021. Foundations of complexity economics[J]. Nature Reviews Physics，3：136－145.

AVERY J，STEENBURGH T，DEIGTON J，et al.，2012. Adding bricks to clicks：predicting the patterns of cross-channel elasticities over time[J]. Journal of Marketing，76(3)：96－111.

BARNEY J B，1991. Firm resources and sustained competitive advantage [J]. Advances in Strategic Management，17(1)：3－10.

BARNEY J B，CLARK D N，2007. Resource-based theory：creating and sustaining competitive advantage[M]. New York：Oxford University

Press.

BELL D R, GALLINO S, MORENO A, 2014. How to win in an omnichannel world[J]. MIT Sloan Management Review, 56(1): 45 - 53.

BELL D R, GALLINO S, MORENO A, 2018. Offline showrooms in omnichannel retail: demand and operational benefits [J]. Management Science, 64(4): 1477 - 1973.

BENDOLY E, BLOCHER J D, BRETTHAUER K M, et al., 2005. Online/in-store integration and customer retention [J]. Journal of Service Research, 7(4): 313 - 327.

BERGER E S C, KUCKERTZ A, 2016. The challenge of dealing with complexity in entrepreneurship, innovation and technology research: an introduction [M]//BERGER E S C, KUCKERTZ A. Complexity in entrepreneurship, innovation and technology research. Cham: Springer: 1 - 9.

BERGER P D, LEE J, WEINBERG B D, 2006. Optimal cooperative advertising integration strategy for organizations adding a direct online channel[J]. Journal of the Operational Research Society, 57(8): 920 - 927.

BERGMANN LICHTENSTEIN B M, 2000. Emergence as a process of self-organizing-new assumptions and insights from the study of non-linear dynamic systems[J]. Journal of Organizational Change Management, 13 (6): 526 - 544.

BERMAN B, THELEN S, 2004. A guide to developing and managing a well-integrated multi-channel retail strategy[J]. International Journal of Retail & Distribution Management, 32(3): 147 - 156.

BOLLEN K A, 2002. Latent variables In psychology and the social sciences [J]. Annual Review of Psychology, 53(1): 605 - 634.

BREUGELMANS E, CAMPO K, 2016. Cross-channel effects of price promotions: an empirical analysis of the multi-channel grocery retail sector[J]. Journal of Retailing, 92(3): 333 - 351.

CAO J, SO K C, YIN S Y, 2016. Impact of an "online-to-store" channel on demand allocation, pricing and profitability [J]. European Journal of

Operational Research,248(1):234 - 245.

CAO L L, 2014. Business model transformation in moving to a cross-channel retail strategy: a case study [J]. International Journal of Electronic Commerce,18(4):69 - 96.

CAO L L,LI L,2015. The impact of cross-channel integration on retailers' sales growth[J]. Journal of Retailing,91(2):198 - 216.

CAO L L,LI L,2018. Determinants of retailers' cross-channel integration: an innovation diffusion perspective on omni-channel retailing[J]. Journal of Interactive Marketing,44:1 - 16.

CHURCHILL G A, 1979. Paradigm for developing better measures of marketing constructs[J]. Journal of Marketing Research,16(1):64 - 73.

CLOUTIER C, LANGLEY A, 2020. What makes a process theoretical contribution? [J]. Organization Theory,1(1):1 - 32.

COELHO F, EASINGWOOD C, COELHO A, 2003. Exploratory evidence of channel performance in single vs multiple channel strategies[J]. International Journal of Retail & Distribution Management,31(11):561 - 573.

CONNER K P,1991. A historical comparison of resource-based theory and five schools of thought within industrial organization economics: Do we have a new theory of the firm? [J]. Journal of Management,17(1):121 - 154.

COUGHLAN A T,ANDERSON E,STERN L W,et al. ,2006. Marketing channel[M]. 7th ed. Upper Saddle River:Prentice-Hall.

CUMMINS S, 2016. Omni-channel research framework in the context of personal selling and sales management [J]. Journal of Research in Interactive Marketing,10:2 - 16.

DELBRIDGE R, FISS P C, 2013. Styles of theorizing and the social organization of knowledge[J]. Academy of Management Review,38(3): 325 - 331.

DELEERSNYDER B, GEYSKENS I, GIELENS K, et al. , 2002. How cannibalistic is the internet channel? A study of the newspaper industry in the United Kingdom and the Netherlands[J]. International Journal of Research in Marketing,19(4):337 – 348.

DING Y X,WU J F,2022. Overcoming openness paradox in open networks:a configurational approach[J]. Journal of Business Research,150:528 – 537.

DOTY D H,GLICK W H,1994. Typologies as a unique form of theory building:toward improved understanding and modeling[J]. Academy of Management Review,19(2):230 – 251.

DOUGLAS J E,SHEPHERD D A,PRENTICE C,2020. Using fuzzy-set qualitative comparative analysis for a finer-grained understanding of entrepreneurship[J]. Journal of Business Venturing,35(1):1 – 17.

DU K,2018. The impact of multi-channel and multi-product strategies on firms' risk-return performance[J]. Decision Support Systems,1095:27 – 38.

DUL J,2015. Necessary condition analysis(NCA):logic and methodology of "necessary but not sufficient" causality[J]. Organizational Research Methods,19(1):10 – 52.

DUL J,VAN DER LAAN E,KUIK R,2020. A statistical significance test for necessary condition analysis[J]. Organizational Research Methods,23(2):385 – 395.

EMRICH O, PAUL M, RUDOLPH T, 2015. Shopping benefits of multichannel assortment integration and the moderating role of retailer type[J]. Journal of Retailing,91(2):326 – 342.

ERTEKIN N, AGRAWAL A, 2021. How does a return period policy change affect multichannel retailer profitability? [J]. Manufacturing & Service Operations Management,23(1):210 – 229.

ESHGHI K,RAY S,2021. Conflict and performance in channels:a meta-analysis [J]. Journal of the Academy of Marketing Science,49(2):327 – 349.

EYUBOGLU N, KABADAYI S, BUJA A, 2017. Multiple channel complexity:conceptualization and measurement[J]. Industrial Marketing Management,65:194 – 205.

FAN D, LI Y, CHEN L, 2017. Configuring innovative societies: the crossvergent role of cultural and institutional varieties[J]. Technovation, 66-67:43-56.

FENG C, XI N N, ZHUANG G J, et al., 2020. The role of interactive practice in business performance[J]. Industrial Management & Data Systems, 120(8):1521-1542.

FISHER M L, GALLINO S, XU J J, 2019. The value of rapid delivery in omnichannel retailing[J]. Journal of Marketing Research, 56(5):732-748.

FISS P C, 2011. Building better causal theories: a fuzzy set approach to typologies in organization research[J]. Academy of Management Journal, 54(2):393-420.

FORNARI E, FORNARI D, GRANDI S, et al., 2016. Adding store to web: migration and synergy effects in multi-channel retailing[J]. International Journal of Retail & Distribution Management, 44(6), 658-674.

FORNELL C, LARCHER D F, 1981. Evaluating structural equation models with unobservable variables and measurement error[J]. Journal of Marketing Research, 18(1):39-50.

FURNARI S, CRILLY D, MISANGYI V F, et al., 2021. Capturing causal complexity: heuristics for configurational theorizing[J]. Academy of Management Review, 46(4):778-799.

FÜRST A, LEIMBACH M, PRIGGE J K, 2016. Organizational multi-channel differentiation: an analysis of its impact[J]. Journal of Marketing, 81(1):59-82.

GALLAGHER R, APPENZELLER T, 1999. Beyond reductionism[J]. Science, 284(5411):79.

GALLINO S, MORENO A, STAMATOPOULOS I, 2017. Channel integration, sales dispersion, and inventory management[J]. Management Science, 63(9):2813-2831.

GAO F, SU X M, 2017. Omnichannel retail operations with buy-online-and-pick-up-in-store[J]. Management Science, 63(8):2397-2771.

GEYSKENS I, GIELENS K, DEKIMPE M G, 2002. The market valuation of internet channel additions[J]. Journal of Marketing,66(2),102 - 119.

GIELENS K,GIJSBRECHTS E,GEYSKENS I,2020. Navigating the last mile:the demand effects of click-and-collect order fulfillment[J]. Journal of Marketing,85(4),158 - 178.

GIOTOPOULOS I,KONTOLAIMOU A,KORRA E,et al.,2017. What drives ICT adoption by SMEs? Evidence from a large-scale survey in Greece[J]. Journal of Business Research,81,60 - 69.

GOERSCH D,2002. Multi-channel integration and its implications for retail web sites[C]//ECIS. Proceedings of the 10th European Conference on Information Systems,Information Systems and the Future of the Digital Economy:748 - 758.

GRECKHAMER T,MISANGYI V F,FISS P C,2013. Chapter 3 the two QCAs:from a small-N to a large-N set theoretic approach[M]// FISS P C,CAMBRÉ B,MARX A. Configurational theory and methods in organizational research. Leeds:Emerald Group Publishing Limited:49 - 75.

GU X,KANNAN P K,2021. The dark side of mobile app adoption:examining the impact on customers' multichannel purchase[J]. Journal of Marketing Research,58(2):246 - 264.

HAIR J F,BLACK W C,BABRIN B J,et al.,2006. Multivariate data analysis[M]. 7th ed. Upper Saddle River:Pearson Prentice Hall.

HARA Y,CHOI Y,2023. Vertical and horizontal governance in multiple-channel systems[J]. Journal of Business Research,156:1 - 12.

HE Y Z,YU Y,ZUO M Y,2022. How does differentiated multichannel collaboration matter? The boom-bust effects on online-offline store images[J]. Internet Research:Electronic Networking Applications and Policy,32(3):843 - 874.

HERHAUSEN D,BINDER J,SCHOEGEL M,et al.,2015. Integrating bricks with clicks:retailer-level and channel-level outcomes of online-offline channel integration[J]. Journal of Retailing,91(2):309 - 325.

HERNANT M,ROSENGREN S,2017. Now what? Evaluating the sales

effects of introducing an online store[J]. Journal of Retailing and Consumer Services, 39: 305 - 313.

HININGS C R, GREENWOOD R, 1989. The dynamics of strategic change [M]. Oxford: Blackwell.

HOMBURG C, LAUER K, VOMBERG A, 2019. The multichannel pricing dilemma: do consumers accept higher offline than online prices? [J]. International Journal of Research in Marketing, 36(4): 597 - 612.

HOMBURG C, VOMBERG A, MUEHLHAEUSER S, 2020. Design and governance of multichannel sales systems: financial performance consequences in business-to-business markets[J]. Journal of Marketing Research, 57(6): 1113 - 1134.

HUANG R, LEE S H, KIM H, et al., 2015. The impact of brand experiences on brand resonance in multi-channel fashion retailing[J]. Journal of Research in Interactive Marketing, 9(2): 129 - 147.

HUANG W, SWAMINATHAN J M, 2009. Introduction of a second channel: implications for pricing and profits[J]. European Journal of Operational Research, 194(1): 258 - 279.

JACOBS S, CAMBRÉ B, 2020. Designers' road(s) to success: balancing exploration and exploitation[J]. Journal of Business Research, 115: 241 - 249.

JARVIS C B, MACHENZIE S B, PODSAKOFF P M, 2003. Acritical review of construct indicators and measurement model misspecification in marketing and consumer research[J]. Journal of Consumer Research, 30 (2): 199 - 218.

JIN X L, ZHOU Z Y, TIAN Y W, 2022. A configurational analysis of the causes of consumer indirect misbehaviors in access-based consumption [J]. Journal of Business Ethics, 175(1): 135 - 166.

JOHANSSON T, JOHAN K, 2017. Configurations of business strategy and marketing channels for e-commerce and traditional retail formats: a qualitative comparison analysis(QCA) in sporting goods retailing[J]. Journal of Retailing and Consumer Services, 34: 326 - 333.

JONES S L, LEIPONEN A, VASUDEVA G, 2021. The evolution of cooperation in the face of conflict: evidence from the innovation ecosystem for mobile telecom standards development [J]. Strategic Management Journal, 42(4): 710-740.

KABADAYI S, EYUBOGLU N, THOMAS G P, 2007. The performance implications of designing multiple channels to fit with strategy and environment[J]. Journal of marketing, 71(4): 195-211.

KAISER H F, 1974. An index of factorial simplicity[J]. Psychometrika, 39(1): 31-36.

KALAKOTA R, ROBINSON M, 2003. Services blueprint: roadmap for execution[M]. Boston: Addison-Wesley Professional.

KATZ D, KAHN R L, 1978. Orgnizations and the system concept[M]// SHAFRITZ J M, OTT J S. Classics of organization theory. Belmont: Wadsworth/Thompson Learning: 161-172.

KÄUFERLE M, REINARTZ W, 2015. Distributing through multiple channels in industrial wholesaling: how many and how much? [J]. Journal of the Academy of Marketing Science, 43(6): 746-767

KETCHEN D J, THOMAS J B, SNOW C C, 1993. Organizational configurations and performance: a comparison of theoretical approaches [J]. Academy of Management Journal, 36(6): 1278-1313.

KISHTON J M, WIDAMAN K F, 1994. Unidimensional versus domain representative parceling of questionnaire items: an empirical example[J]. Educational and Psychological Measurement, 54(3): 757-765.

LAWRENCE J M, CRECELIUS A T, SCHEER L K, et al., 2019. Multichannel strategies for managing the profitability of business-to-business customers[J]. Journal of Marketing Research, 56(3): 479-497.

LEE H H, KIM J, 2010. Investigating dimensionality of multichannel retailer's cross-channel integration practices and effectiveness: shopping orientation and loyalty intention[J]. Journal of Marketing Channels, 17(4): 281-312.

LEE Y, LEE Z, LARSEN K R T, 2003. Coping with internet channel conflict[J]. Communications of the ACM, 46(7): 137 - 142.

LEE Z W Y, CHAN T K H, CHONG A Y L, et al., 2019. Customer engagement through omnichannel retailing: the effects of channel integration quality[J]. Industrial Marketing Management, 77: 90 - 101.

LIN X G, ZHOU Y W, HOU R, 2021. Impact of a "buy-online-and-pickup-in-store" channel on price and quality decisions in a supply chain[J]. European Journal of Operational Research, 294(3): 922 - 935.

LINDELL M K, WHITNEY D J, 2001. Accounting for common method variance in cross-sectional research designs [J]. Journal of Applied Psychology, 86(1): 114 - 121.

LUO J F, FAN M, ZHANG H, 2016. Information technology, cross-channel capabilities, and managerial actions: evidence from the apparel industry[J]. Journal of the Association for Information Systems, 17(5): 308 - 327.

LUO X M, ZHANG Y C, ZENG F, et al., 2020. Complementarity and cannibalization of offline-to-online targeting: a field experiment on omnichannel commerce[J]. MIS Quarterly, 44(2): 957 - 982.

MACCALLUM R C, BROWNE M W, 1993. The use of causal indicators in covariance structure models: some practical issues [J]. Psychological Bullen, 114(3): 533 - 541.

MAHONEY J, 2008. Toward a unified theory of causality[J]. Comparative Political Studies, 41(4 - 5): 412 - 436.

MAHONEY J, BARRENECHEA R, 2019. The logic of counterfactual analysis in case-study explanation[J]. The British Journal of Sociology, 70(1): 306 - 338.

MARK T, BULLA J, NIRAJ R, et al., 2019. Catalogue as a tool for reinforcing habits: empirical evidence from a multichannel retailer[J]. International Journal of Research in Marketing, 36(4): 528 - 541.

MELIS K, CAMPO K, BREUGELMANS E, et al., 2015. The impact of the multichannel retail mix on online store choice: does online experience matter? [J]. Journal of Retailing,91(2):272 - 288.

MEYER A D, TSUI A S, HININGS C R, 1993. Configurational approaches to organizational analysis[J]. Academy of Management Journal,36(6):1175 - 1195.

MILLER D, 1986. Configurations of strategy and structure: towards a synthesis[J]. Strategic Management Journal,7(3):233 - 249.

MILLER D, FRIESEN P H, 1984. A longitudinal study of the corporate life cycle[J]. Management Science,30(10):1161 - 1183.

MINTZBERG H, 1979. The structure of organizations: a synthesis of the research[M]. Upper Saddle River: Prentice-Hall.

MISANGYI V F, GRECKHAMER T, FURNARI S, et al., 2017. Embracing causal complexity: the emergence of a neo-configurational perspective[J]. Journal of Management,43(1):255 - 282.

NAIK P A, PETERS K, 2009. A hierarchical marketing communications model of online and offline media synergies[J]. Journal of Interactive Marketing,23(4):288 - 299.

NARANG U, SHANKAR V, 2019. Mobile app introduction and online and offline purchases and product returns[J]. Marketing Science,38(5):756 - 772.

NERMIN E, SERTAN K, ANDREAS B, 2017. Multiple channel complexity: conceptualization and measurement[J]. Industrial Marketing Management,65:194 - 205.

NESLIN S A, GREWAL D, LEGHORN R, et al., 2006. Challenges and opportunities in multichannel customer management [J]. Journal of Service Research,9(2):95 - 112.

NUNNALLY J C, BERNSTEIN I H, 1994. Psychometric theory. [M]. 3rd ed. New York: McGraw-Hill.

NUNNALLY J C, 1978. Psychometric theory[M]. 2nd ed. New York: McGraw-Hill.

OH L B, TEO H H, SAMBAMURTHY V, 2012. The effects of retail channel integration through the use of information technologies on firm performance[J]. Journal of Operations Management,30(5):368 - 381.

PAN W N,LI Y,LIU H F,et al. ,2020. When cross-channel integration can benefit firm innovation and performance: the moderating role of e-commerce type [J]. Journal of Data, Information and Management, 2(4):309 - 322.

PANTANO E, VIASSONE M, 2015. Engaging consumers on new integrated multichannel retail settings:challenges for retailers[J]. Journal of Retailing and Consumer Services,25(7):106 - 114.

PAPPAS I O, WOODSIDE A G, 2021. Fuzzy-set qualitative comparative analysis(fsQCA):guidelines for research practice in information systems and marketing[J]. International Journal of Information Management, 58 (3):1 - 23.

PENTINA I, HASTY R W, 2009. Effects of multichannel coordination and e-commerce outsourcing on online retail performance [J]. Journal of Marketing Channels, 16(4):359 - 374.

PODSAKOFF P M, MACKENZIE S B, LEE J Y, et al. ,2003. Common method biases in behavioral research: a critical review of the literature and recommended remedies[J]. Journal of applied psychology,88(5):879 - 903.

POPPO L, ZENGER T, 2010. Do formal contracts and relational governance function as substitutes or complements? [J]. Strategic Management Journal,23(8):707 - 725.

PORTER M E,1987. From competitive advantage to corporate strategy[J]. Harvard Business Review,65(3):43 - 59.

POZZI A,2013. The effect of internet distribution on brick-and-mortar sales [J]. The Rand Journal of Economics,44(3):569 - 583.

RADHI M, ZHANG G Q, 2018. Pricing policies for a dual-channel retailer with cross-channel returns [J]. Computers & Industrial Engineering, 119:63 - 75.

RADHI M, ZHANG G Q, 2019. Optimal cross-channel return policy in dual-channel retailing systems [J]. International Journal of Production

Economics,210(4):184－198.

RAGIN C C, 2000. Fuzzy-set social science[M]. Chicago: University of Chicago Press.

RAGIN C C,2008. Redesigning social inquiry:fuzzy sets and beyond[M]. Chicago:University of Chicago Press.

RAVULA P, BHATNAGAR A, GHOSE S, 2020. Antecedents and consequences of cross-effects:an empirical analysis of omni-coupons[J]. International Journal of Research in Marketing,37(2):405－420.

RIHOUX B, RAGIN C C, 2009. Configurational comparative methods: qualitative comparative analysis (QCA) and related techniques [M]. Thousand Oaks:Sage Publications.

ROGERS E M,2004. A prospective and retrospective look at the diffusion model[J]. Journal of Health Communication,9(sup1):13－19.

ROHLFING I,2008. What you see and what you get:pitfalls and principles of nested analysis in comparative research[J]. Comparative Political Studies,41(11):1492－1514.

ROTMANS J, LOORBACH D, 2009. Complexity and transition management[J]. Journal of Industrial Ecology,13(2):184－196.

SA VINHAS A, ANDERSON E, 2005. How potential conflict drives channel structure:concurrent(direct and indirect)channels[J]. Journal of Marketing Research,42(4),507－515.

SA VINHAS A, GIBBS R, 2018. Exclusive dealing without territory exclusivity in multichannel systems: managing channel conflict and driving commitment[J]. Marketing Letters,29(3):291－305.

SAGHIRI S, WILDING R, MENA C, et al., 2017. Toward a three-dimensional framework for omni-channel [J]. Journal of Business Research,77(8):53－67.

SCHNEIDER C Q, WAGEMANN C, 2012. Set-theoretic methods for the social sciences: a guide to qualitative comparative analysis [M]. Cambridge:Cambridge University Press.

SCHRAMM-KLEIN H, WAGNER G, STEINMANN S, et al., 2011. Cross-channel integration: is it valued by customers? [J]. The International Review of Retail Distribution and Consumer Research, 21(5): 501 – 511.

SCOTT W R, CHRISLENSEN S, 1995. The institutional construction of organizations: international and longitudinal studies [M]. Thousand Oaks: Sage Publications.

SHORT J C, PAYNE G T, KETCHEN D J, 2008. Research on organizational configurations: past accomplishments and future challenges [J]. Journal of Management, 34(6): 1053 – 1079.

SIT J K, HOANG A, INVERSINI A, 2018. Showrooming and retail opportunities: a qualitative investigation via a consumer-experience lens [J]. Journal of Retailing and Consumer Serices, 40(1): 163 – 174.

SONG P J, WANG Q S, LIU H F, et al., 2020. The value of buy-online-and-pickup-in-store in omni-channel: evidence from customer usage data [J]. Production and Operations Management, 29(4): 995 – 1010.

STEINFIELD C, ADELAAR T, LAI Y J, 2002. Integrating brick and mortar locations with e-commerce: understanding synergy opportunities [C]//Proceedings of the 35th Annual Hawaii International Conference on System Sciences. Big Island: IEEE: 1 – 10.

SWOBODA B, WINTERS A, 2021. Effects of the most useful offline-online and online-offline channel integration services for consumers [J]. Decision Support Systems, 145: 1 – 14.

TAGASHIRA T, MINAMI C, 2019. The effect of cross-channel integration on cost efficiency [J]. Journal of Interactive Marketing, 47(8): 68 – 83.

TIMOUMI A, GANGWAR M, MANTRALA M K, 2022. Cross-channel effects of omnichannel retail marketing strategies: a review of extant data-driven research [J]. Journal of Retailing, 98(1): 133 – 151.

TORNATZKY L G, FLEISCHER M, 1990. The processes of technological innovation [M]. Lexington: Lexington Books.

TRENZ M, VEIT D J, TAN C W, 2020. Disentangling the impact of omnichannel integration on consumer behavior in integrated sales channels[J]. MIS Quarterly,44(3):1207－1258.

TSOUKAS H, 2017. Don't simplify, complexify: from disjunctive to conjunctive theorizing in organization and management studies [J]. Journal of Management Studies,54(2):132－153.

VAN BAAL S,2014. Should retailers harmonize marketing variables across their distribution channels? An investigation of cross-channel effects in multi-channel retailing[J]. Journal of Retailing and Consumer Services, 21(6):1038－1046.

VAN BRUGGEN G H, ANTIA K D, JAP S D, et al., 2010. Managing marketing channel multiplicity[J]. Journal of Service Research, 13(3): 331－340.

VAN HEERDE H J, DINNER I M, NESLIN S A, 2019. Engaging the unengaged customer: the value of a retailer mobile app[J]. International Journal of Research in Marketing,36(3):420－438.

VERHOEF P C, KANNAN P K, INMAN J J, 2015. From multi-channel retailing to omni-channel retailing: introduction to the special issue on multi-channel retailing[J]. Journal of retailing,91(2):174－181.

WANG C X, LEI M M, LIANG L P, 2018. Choosing an online retail channel for a manufacturer: direct sales or consignment? [J]. International Journal of Production Economics,195:338－358.

WANG J, ZHENG B, LIU H F, 2021. Satisfying consumers all around: a multidisciplinary view of omnichannel retail[J]. Industrial Management & Data Systems,121(1):158－171.

WANG K, GOLDFARB A, 2017. Can offline stores drive online sales? [J]. Journal of Marketing Research,54(5):706－719.

WANG Y X, GONG Q G, TIAN X, et al., 2021. The effect of online channel addition on store performance: empirical evidence from Chinese chain retailers [J]. Journal of Systems Science and Information,9(4):356－377.

WEBB K L, DIDOW N M, 1997. Understanding hydrid channel conflict: a conceptual model and propositions for research[J]. Journal of Business-to-Business Marketing, 4(1): 39 - 78.

WEBB K L, HOGAN J E, 2002. Hybrid channel conflict: causes and effects on channel performance[J]. Journal of Business & Industrial Marketing, 17(5): 338 - 356.

WEBB K L, LAMBE C J, 2007. Internal multi-channel conflict: an exploratory investigation and conceptual framework [J]. Industrial Marketing Management, 36(1): 29 - 43.

WERNERFELT B, 1984. A resource-based view of the firm[J]. Strategic Management Journal, 5(2): 171 - 180.

WOODSIDE A G, 2017. The complexity turn: cultural, management, and marketing applications[M]. Switzerland: Springer Cham.

WU I L, WU S M, 2015. A strategy-based model for implementing channel integration in e-commerce: an empirical examination [J]. Internet Research, 25(2): 239 - 261.

WU J F, CHANG Y P, 2016. Multichannel integration quality, online perceived value and online purchase intention: a perspective of land-based retailers[J]. Internet Research, 26(5): 1228 - 1248.

YAN R L, WANG J, ZHOU B, 2010. Channel integration and profit sharing in the dynamics of multi-channel firms [J]. Journal of Retailing and Consumer Services, 17(5): 430 - 440.

YAN R, 2011. Managing channel coordination in a multi-channel manufacturer-retailer supply chain [J]. Industrial Marketing Management, 40(4): 636 - 642.

YORITOSHI H, YONGHOON C, 2023. Vertical and horizontal governance in multiple-channel systems[J]. Journal of Business Research, 156: 1 - 12.

YUMURTACI HÜSEYINOĞLU I Ö, SORKUN M F, BÖRÜHAN G, 2018. Revealing the impact of operational logistics service quality on omni-channel capability [J]. Asia Pacific Journal of Marketing and

Logistics,30(5):1200－1221.

ZANGWILL W I, KANTOR P B, 1998. Toward a theory of continuous improvement and the learning curve[J]. Management Science,44(7):879－1020.

ZHANG M, REN C S, WANG G A, et al., 2018. The impact of channel integration on consumer responses in omni-channel retailing: the mediating effects of consumer empowerment[J]. Electronic Commerce Research and Applications,28:181－193.

ZHANG P, HE Y, SHI C M, 2017. Retailer's channel structure choice: online channel, offline channel, or dual channels? [J]. International Journal of Production Economics,191(5):37－50.

附 录

附录A X公司访谈资料举例

1.请您介绍一下贵公司产品营销渠道的基本情况。

我们公司成立于20世纪80年代，是借助纺织品、床垫而起家的家居制造企业，已发展成拥有线上线下多渠道的国内知名家居品牌，年销售额超10亿元，是欧美、澳大利亚、日韩等地的大型家居企业的合作伙伴。

公司营销整体上分为国内业务和海外销售业务两个大类。其中，海外销售渠道的销售额占比接近55%，是公司目前业绩的主要来源渠道，是公司具备强大竞争优势的传统渠道。海外业务主要分为B2B销售及B2C销售两大类。B2B业务主要是与Kmart、Tesco、Argos等海外大型零售商合作。这些企业在地区的市场份额占有量、客户认知度、品牌的知名度方面都是全球范围内最具影响力和竞争力的企业，是X公司最为重要的海外合作伙伴。目前公司与它们也形成了较为稳定的合作关系，它们是公司海外业务的主要来源之一。海外销售的第二渠道为B2C销售，占比15%。业务平台主要以亚马逊为主，覆盖整个欧美市场，亚马逊是公司海外线上销售的最大平台。B2C销售还包括X公司在美国成立的分公司及其直营店面，直接面向美国的消费者，目前销售贡献率为5%。这两个渠道也是X公司未来快速增长、快速迭代的突破性渠道。

除了海外业务外，X公司还主要以国内业务为主，国内业务又分为渠道业务和直营业务。其中：

渠道业务主要分为B2B及B2C。B2B主要以加盟商业务、工程项目、酒店项目为主，在加盟商渠道逐渐饱和的状态下，工程项目和酒店项目成为X公司业绩增长的重要渠道，公司为此设立项目工程部全权负责此类业务的谈判及推进。加盟商业务是X公司最为稳定可靠的一个销售渠道，有的加盟商合作时间已经超过25年，在各地为品牌积累了口碑。B2C主要以天猫、京东为主要销售平台，公司分别在平台上设立了官方旗舰店，再由旗舰店面向全国的消费者。X公司也是最早进驻天猫、京东商城的家居公司之一，在线上积累了较多的客户资源。

直营业务占比13%，主要以直营门店为主。公司依托红星美凯龙、居然之家等国内大型家居连锁卖场，开设线下直营店，在国内一二线城市均布局直营门店。公司在各直营城市设立办事处负责当地城市业务，并尝试不同的外部渠道，包括设计公司、装饰公司、小区团购等，在有的城市还设立了美团店铺用来引流成交，同时在小红书种草。

（笔者根据访谈对象的描述绘制了附图1。）

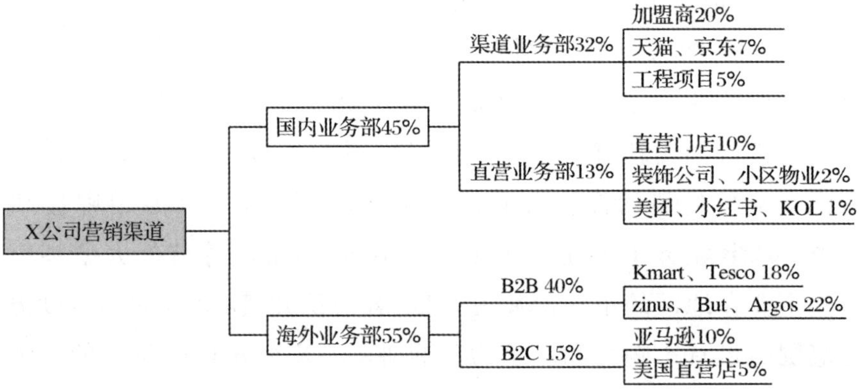

附图1　X公司营销渠道梳理示意图(后续整理)

2. 公司的营销渠道类型非常多元化，在多渠道经营过程中是否出现新问题给企业带来困扰？

公司现有的多渠道销售为公司拓展销量提供了有力的支持，要说困扰主要是渠道之间的冲突问题。

比如定价矛盾，主要表现在电商平台和线下门店的定价差异。由于电商平台定期都会有自己平台的促销活动，每个平台的促销方法及力度均有差异，通过平台补贴，最后就会出现线上产品成交价格低于线下门店价格的情况。因此会遭到线下已成交客户的投诉，影响消费者的消费体验感。同时各加盟商定价存在差异，有时会出现客人在两地进行比较价格的情况，因同样的产品在不同地区出现价格不一致的情况而遭到客人投诉。

再如，库存冲突。公司为了提高物流效率，缩短送货周期，分别在苏州、香河、成都、沈阳设立了中转仓库，辐射周边地区的产品出库、入库及物流交运工作，库存商品供不同销售渠道共用，就会造成可销售货源上的冲突。一方面，当产品市场表现较好、增长迅速时，多个渠道会互相争抢，造成有的渠道无货可卖，产生先断货后压货的风险；另一方面，当产品销售形势不好时，各个渠道都不愿意销售这类产品，造成大量产品在仓库积压，形成呆滞库存，导致仓储费用暴涨，而后低价倾销，严重吞噬利益。

3. 您觉得产生这些问题的原因是什么呢？公司不会压缩渠道类型？

原因是多方面的，暂时不太会砍掉一些渠道，因为利益牵扯过多。先说原因，我认为造成定价冲突的原因有很多种，比如平台自身定价的方式，不同时间段不同平台的促销方法，以及不同平台在营销时产生的广告费用和营销费用，等等，这些原因都是造成定价冲突的原因。综合归纳为各自平台渠道的销售人员为追求利益最大化而采取的市场化运营行为。各渠道均为长期的贸易伙伴，市场化程度高，彼此之间各自独立，处于自由治理的状态，公司缺少对渠道之间合作机制的约定和渠道控制机制。

库存冲突更倾向于公司内部不同渠道的销售运营团队的短期投机行为，并且我觉得是公司供应链的管控以及数据的及时性上出现的问题。各销售渠道为了实现各自渠道自身的利益最大化，会趋利避害选择对他们来说利润最高、销售最好的产品来作为主要销售产品，这样就会造成各渠道对于这些产品的争抢，导致缺货现象的出现。这其中供应链系统应当在这个阶段对不同的产品和不同的渠道采取一定的管控措施。

4. 公司目前采取了哪些措施或计划采取哪些措施去解决这些问题？

最初这些问题并没有过多引起管理层注意，随着渠道成员投诉和问题越来越多，管理层也开始做出了调整。比如，也尝试跨平台统一定价，但是感觉很困难，不同平台运营成本差异小时可以适当补贴，在差异过大的情况下补贴投入过大。后来，公司采用差异化商品运营，在不同的平台上采取不同的商品策略来保证公司在不同平台上的利润。对于一些热卖品或主打商品在不同平台尽量统一价格。还有一个重要改变，是公司升级了供应链管理系统，提升了各个中转仓库存数据更新的及时性和准确性，并且改变原有的各渠道订货机制，以目前各渠道产生的现有订单为主，在现有订单量的基础上设置提货限额,超过限额部分的货物将不允许发货,待产生新的订单后方可继续订货,避免出现恶意囤货的现象。通过联合贮运、信息透明、中台系统的全面打通,促进公司内部销售团队之间的协作沟通。

5. 目前在零售行业中倡导跨渠道价格一致、服务一致、线上和线下联合等,这里有我们整理的零售企业的措施,您觉得这些措施贵公司会采纳吗?

我们渠道之间的问题和单纯零售企业还是有些不同的,零售企业的渠道问题目前集中在网上和线下,我们的问题也有网上和线下 C 端的问题,也有很多 B 端的问题。价格和促销完全一致和同步很难实现。我们公司目前非常重视渠道之间的信息沟通问题。信息不畅是一些矛盾出现的原因,能打通渠道也是能合作的基础。

附录B 跨渠道整合信度和效度补充检验

附表1 跨渠道整合一阶构念的信度检验结果

构念	克龙巴赫 α 系数	rho_A	组合信度	AVE
跨渠道一致性	0.821	0.828	0.882	0.653
跨渠道协作性	0.682	0.706	0.803	0.507
跨渠道共享性	0.763	0.806	0.863	0.680

附表2 跨渠道整合一阶构念的路径系数

路径系数	样本均值	标准差	T 统计量	p 值
跨渠道一致性→跨渠道整合	0.561	0.024	23.813	0.000
跨渠道共享性→跨渠道整合	0.445	0.018	24.249	0.000
跨渠道协作性→跨渠道整合	0.512	0.024	21.382	0.000

附表3 跨渠道整合一阶构念的外部权重和显著性

路径系数	初始样本	样本均值	标准差	T 统计量	p 值
CHC1←跨渠道一致性	0.277	0.276	0.027	10.207	0.000
CHC1→跨渠道整合	0.157	0.155	0.016	9.910	0.000
CHC2←跨渠道一致性	0.337	0.338	0.027	12.338	0.000
CHC2→跨渠道整合	0.191	0.189	0.015	12.436	0.000
CHC3←跨渠道一致性	0.286	0.286	0.046	6.191	0.000
CHC3→跨渠道整合	0.162	0.161	0.028	5.772	0.000
CHS1→跨渠道共享性	0.405	0.405	0.026	15.351	0.000
CHS1→跨渠道整合	0.181	0.180	0.014	13.177	0.000
CHS2←跨渠道共享性	0.483	0.485	0.045	10.632	0.000
CHS2→跨渠道整合	0.216	0.216	0.019	11.115	0.000
CHS3←跨渠道共享性	0.310	0.307	0.040	7.702	0.000
CHS3→跨渠道整合	0.139	0.137	0.020	7.078	0.000
CHL1←跨渠道协作性	0.334	0.329	0.056	5.916	0.000
CHL1→跨渠道整合	0.172	0.168	0.029	5.931	0.000
CHL2←跨渠道协作性	0.429	0.430	0.050	8.619	0.000
CHL2→跨渠道整合	0.221	0.220	0.025	8.764	0.000
CHL3←跨渠道协作性	0.405	0.405	0.061	6.643	0.000
CHL3→跨渠道整合	0.181	0.207	0.031	6.695	0.000
CHL4←跨渠道协作性	0.211	0.204	0.066	3.182	0.001
CHL4→跨渠道整合	0.108	0.104	0.035	3.139	0.002
CHL5←跨渠道协作性	0.435	0.426	0.201	2.160	0.031
CHL5→跨渠道整合	0.410	0.403	0.220	1.959	0.049